JN069230

総務担当者のための

介護休業の実務がわかる本

社会保険労務士法人名南経営・特定社会保険労務士

宮武貴美

日本実業出版社

はじめに

家族の介護が必要になった場合、働く人は大きく分けて２つの課題に直面すると考えています。

１つは「介護が必要になった家族を、どのように介護していくか」という家族の介護に対する課題。もう１つは**「自分自身が介護をしながら、どのように働き続けるか」**という仕事と介護の両立の課題。

前者のほうが、より緊急性が高い（緊急性が高い状態で目の前にやってくる）ことが多く、また、前者の方向性が決まらないと後者の課題を解決する糸口が見えないことから、どうしても前者に目が行きがちなように思います。

ただ、家族の介護を終えた後も、介護者の人生は続きます。

そのように考えると、後者に目を向けること、しかも家族の介護が始まる前から目を向けることは、介護者の長い人生を考えるうえで重要だと思っています。そして、仕事と介護の両立を会社が支援することで優秀な人材の流出を防ぎ、従業員の能力が発揮され、巡り巡って会社の発展につながると信じています。

本書では、姉妹本である『新版　総務担当者のための産休・育休の実務がわかる本』のコンセプトと同じく、総務担当者が、**仕事と介護の両立を支援する法令上の制度を理解し、育児・介護休業規程を整備し、そして、従業員や管理職に制度を説明できるようにすること**で、少しでも仕事と介護の両立が進む社会になることを目指しました。そのため育児・介護休業規程や社内様式のひな形をダウンロードできるようにしたほか、従業員や管理職に配布できる手引きもダウンロードできるようにしています。

本書の利用によって、仕事と介護の両立を支援する制度が適切に整備・運用されることを願っています。

2023年11月

社会保険労務士法人　名南経営
特定社会保険労務士　**宮武貴美**

chapter

3 介護休業中の収入ってどうなるの？
仕事と介護の両立を支援する社会保険の手続きを押さえる

介護休業取得時の社会保険の手続き

chapter

4 御社は説明できている？
仕事と介護の両立を支援する制度を従業員にわかりやすく説明しよう

制度説明① 従業員向け

chapter

5 御社は説明できている？ 仕事と介護の両立を支援する制度をきちんと理解する管理職を育てよう

制度説明②　管理職向け

付録

●略語

育児・介護休業法　育児休業、介護休業等育児又は家族介護を行う労働者の福祉に関する法律

本書は2023年11月1日現在、公布されている法令等に基づいて解説しています。

デザイン／志岐デザイン事務所（萩原 睦）
イラスト（カバー・トビラ）／江口修平
イラスト（手引き）／フタバ
本文DTP／一企画

社内様式一覧表

下記のうちアミかけ(　)をした様式はダウンロードできます。

社内様式	タイトル	育児[※1]	介護
1	(出生時) 育児休業申出書	○	
2	〔(出生時) 育児・介護〕休業取扱通知書	○	○
3	〔(出生時) 育児休業・育児のための所定外労働制限・育児のための時間外労働制限・育児のための深夜業制限・育児短時間勤務〕対象児出生届	○	
4	〔(出生時) 育児・介護〕休業申出撤回届	○	○
5	〔(出生時) 育児・介護〕休業期間変更申出書	○	○
6	介護休業申出書		○
6-2	対象家族の常時介護を必要とする状態に関する申告書		○[※2]
7	〔子の看護休暇・介護休暇〕申出書	○	○
8	〔育児・介護〕のための所定外労働制限請求書	○	○
9	〔育児・介護〕のための時間外労働制限請求書	○	○
10	〔育児・介護〕のための深夜業制限請求書	○	○
11	育児短時間勤務申出書	○	
12	介護短時間勤務申出書		○
13	〔育児・介護〕短時間勤務取扱通知書	○	○
14	育児目的休暇申出書	○	
15	出生時育児休業中の就業可能日等申出・変更申出書	○	
16	出生時育児休業中の就業可能日等申出撤回届	○	
17	出生時育児休業中の就業日等の提示について	○	
18	出生時育児休業中の就業日等の〔同意・不同意〕書	○	
19	出生時育児休業中の就業日等撤回届	○	
20	出生時育児休業中の就業日等通知書	○	
21	〔介護休業・介護のための所定外労働制限・介護のための時間外労働制限・介護のための深夜業制限〕取得事由消滅届		○[※2]
22	〔介護休業・介護のための所定外労働制限・介護のための時間外労働制限・介護のための深夜業制限〕終了届		○[※2]
23	介護時差出勤申出書		○[※2]
24	介護時差出勤取扱通知書		○[※2]
25	介護サービス利用費用助成申請書		○[※2]
26	介護サービス利用費用助成〔支給・不支給〕決定通知書		○[※2]
27	介護サービス利用報告書		○[※2]

※1　育児休業に関する社内様式の解説およびダウンロードは姉妹図書『新版 総務担当者のための産休・育休の実務がわかる本』(日本実業出版社) にて対応しております。

※2　著者オリジナル様式

育児・介護休業規程における社内手続き一覧表

※作成欄の㋫は従業員、㊎は会社を意味します。

制度	内容	育児 作成	育児 期限	育児 様式名	条	項	介護 作成	介護 期限	介護 書類名	条	項
休業	**育児休業**						**介護休業**				
	申出（延長申出）	従	開始予定日1か月前（延長は2週間前）	育児休業申出書（様式1）	3	1	従	開始予定日2週間前	介護休業申出書（様式6）	11	1
	申出通知	会	速やかに	育児休業取扱通知書（様式2）	3	6	会	速やかに	介護休業取扱通知書（様式2）	11	4
	子誕生	従	出生後2週間以内	育児休業対象児出生届（様式3）	3	7	——				
	撤回	従	開始予定日前日	育児休業申出撤回届（様式4）	4	1	従	開始予定日前日	介護休業申出撤回届（様式4）	12	1
	撤回通知	会	速やかに	育児休業取扱通知書（様式2）	4	2	会	速やかに	介護休業取扱通知書（様式2）	12	2
	開始予定日繰上げ	従	開始予定日1週間前	育児休業期間変更申出書（様式5）	5	3	——				
	終了予定日繰下げ	従	終了予定日1か月前（延長は2週間前）	育児休業期間変更申出書（様式5）	5	3	従	終了予定日2週間前	介護休業期間変更申出書（様式5）	13	3
	変更通知	会	速やかに	育児休業取扱通知書（様式2）	5	4	会	速やかに	介護休業取扱通知書（様式2）	13	4
	出生時育児休業（産後パパ育休）						——				
	申出	従	開始予定日2週間前	出生時育児休業申出書（様式1）	7	1					
	申出通知	会	速やかに	出生時育児休業取扱通知書（様式2）	7	4					
	子誕生	従	出生後2週間以内	出生時育児休業対象児出生届（様式3）	7	5					
	撤回	従	開始予定日前日	出生時育児休業申出撤回届（様式4）	8	1					
	撤回通知	会	速やかに	出生時育児休業取扱通知書（様式2）	8	2					
	開始予定日繰上げ	従	開始予定日1週間前	出生時育児休業期間変更申出書（様式5）	9	3					
	終了予定日繰下げ	従	終了予定日2週間前	出生時育児休業期間変更申出書（様式5）	9	3					
	変更通知	会	速やかに	出生時育児休業取扱通知書（様式2）	9	4					
	就業可能日申出	従	開始予定日1週間前	出生時育児休業中の就業可能日等申出書（様式15）	9-2	1					
	就業候補日提示	会	——	出生時育児休業中の就業日等の提示について（様式17）	9-2	2					
	就業日同意	従	休業前日	出生時育児休業中の就業日等の同意・不同意書（様式18）	9-2	2					
	就業日決定	会	速やかに	出生時育児休業中の就業日等通知書（様式20）	9-2	2					

制度	内容	育児					介護				
		作成	期限	様式名	条	項	作成	期限	書類名	条	項
休業	就業可能日変更	従	休業前日	出生時育児休業中の就業可能日等変更申出書（様式15）	9-2	4	——				
	就業可能日撤回	従	休業前日	出生時育児休業中の就業可能日等申出撤回届（様式16）	9-2	4					
	撤回通知	会	速やかに	出生時育児休業中の就業日等の提示について（様式17）	9-2	4					
	就業日等撤回	従	休業前日	出生時育児休業中の就業日等撤回届（様式19）	9-2	5					
	撤回通知	会	速やかに	出生時育児休業中の就業日等通知書（様式20）	9-2	5					
休暇	申出	従	事前に	子の看護休暇申出書（様式７）	14	3	従	事前に	介護休暇申出書（様式７）	15	3
	申出	従	事前に	育児目的休暇申出書（様式14）	26	2	——				
残業免除	申出	従	開始予定日１か月前	育児のための所定外労働制限請求書（様式８）	16	3	従	開始予定日１か月前	介護のための所定外労働制限請求書（様式８）	16	3
	子誕生	従	出生後２週間以内	所定外労働制限対象児出生届（様式３）	16	5	——				
残業制限	申出	従	開始予定日１か月前	育児のための時間外労働制限請求書（様式９）	17	3	従	開始予定日１か月前	介護のための時間外労働制限請求書（様式９）	17	3
	子誕生	従	出生後２週間以内	時間外労働制限対象児出生届（様式３）	17	5	——				
深夜業制限	申出	従	制限開始予定日１か月前	育児のための深夜業制限請求書（様式10）	18	3	従	制限開始予定日１か月前	介護のための深夜業制限請求書（様式10）	18	3
	子誕生	従	出生後２週間以内	深夜業制限対象児出生届（様式３）	18	5	——				
短時間勤務	申出	従	開始予定日１か月前	育児短時間勤務申出書（様式11）	19	3	従	開始予定日２週間前	介護短時間勤務申出書（様式12）	20	3
	通知	会	速やかに	育児短時間勤務取扱通知書（様式13）	19	3	会	速やかに	介護短時間勤務取扱通知書（様式13）	20	3
時差出勤	申出	——					従	開始予定日２週間前	介護時差出勤申出書（様式23）	20	3
	通知						会	速やかに	介護時差出勤取扱通知書（様式24）	20	3
費用助成	申請						従	利用開始〇日前（任意）	介護サービス利用費用助成申請書（様式25）	20	4
	報告						会	翌月〇日（任意）	介護サービス利用報告書（様式27）	20	5

読者特典

本書をご購入いただいた方は、特典として、

●chapter 2 でご紹介した「育児・介護休業規程」

●chapter 2 でご紹介した「社内様式」（著者オリジナル含む）

●chapter 4 でご紹介した「仕事と介護の両立支援の手引き（従業員向け）」

●chapter 5 でご紹介した「仕事と介護の両立支援に関する手引き（管理職向け）」

●仕事と介護の両立支援のイメージイラスト

の５点を、以下の方法でWebからダウンロードして、規程・様式の整備用や社内の手引きとしてご利用いただけます。

なお、ファイルはzip形式にて圧縮し、パスワードをかけています。

① ブラウザを起動し、アドレスバーに下記URLを入力します。

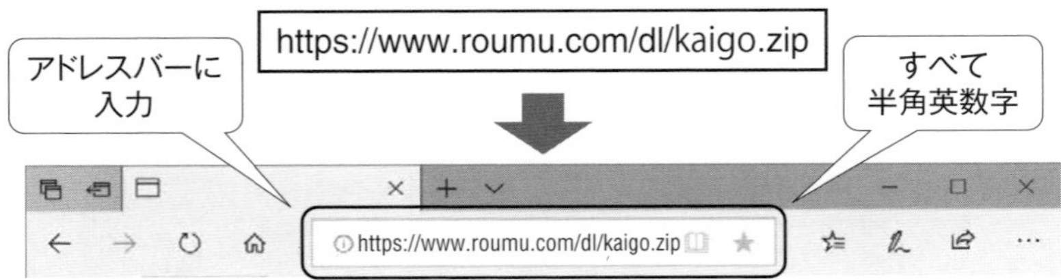

② 以下のパスワードを、画面に表示される「パスワード」欄に入力して、「OK（あるいはログイン）」ボタンをクリックします（ご使用のブラウザによってコメントは異なります）。

パスワード：Kaigo1201#

（ケー・エー・アイ・ジー・オー・イチ・ニ・ゼロ・イチ・シャープ）

※URL等を入力の際は、半角・全角等をご確認いただき、お間違えのないようご注意ください。

※本ダウンロードサービスは、予告なく終了する場合がございますので、ご承知おきください。

chapter 1

介護休業の申し出が！

働きながら家族の介護をする従業員を
支援する法律について知ろう

仕事と介護の両立を支援する制度の整理

01 育児・介護休業法における「家族の介護」の支援制度ってなんだろう

島田さんと板倉さんは西村部長から会議室に呼ばれた。システム部の大岩さんの父親が、介護が必要な状態となり、大岩さんが中心となって介護をする必要が出てきたからだ。会社としても従業員が、介護を担うという事例は初めてのことなので、対応を慎重に行う必要がある。

島田さん、システム部の大岩さんが父親の介護のために介護休業を取りたいと言っていると、高橋部長から連絡が入ったよ。大岩さんは寡黙だが、後輩の面倒をしっかりみることのできる社員だ。高橋部長は困っていたよ。

確かに大岩さんは、総務のお願いごとにも丁寧に対応してくださっています。なくてはならない中堅社員ですね。介護休業となると、当社で初めての取得者のため、よいリーディングケースにしなければと思っています。

介護となると、長い期間、お休みになるということですよね？ただでさえシステム部は残業が多いのに、大岩さんが抜けることで業務がパンクしちゃうかもしれませんね。

高橋部長と大岩さんの間では「1か月程度」という話が出ている。1か月であれば代替の人材を入れずに乗り切れると考えているようなので、総務部としては大岩さんのサポートを行うことで、システム部のバックアップをしていこう。

そうですね。私たちのできることは、しっかり対応していきたいです。板倉さん、せっかくの機会なので、法令で定められている「家族の介護」の支援制度を学んでおきましょう。

働きながら「家族の介護」をするときの支援制度

少子高齢化の急速な進展で、待ったなしの少子化対策に加え、高齢となった家族を中心とした「家族の介護」の課題が出ています。

従業員が家族を介護するケースには、さまざまなあり方が存在します。同居する家族や近くに住む家族を介護するケースもあれば、遠方に住む家族を休日に通いながら介護するケースもありますし、介護ができる人が従業員しかいないケースもあれば、従業員以外にもいるケースもあります。介護を必要とする人を施設に入所させる場合は、その空き状況も介護のあり方に影響します。

育児・介護休業法では、従業員やその家族の個別の状況により「介護休業」を柱にしつつ、仕事と家族の介護の両立を支援する複数の制度が用意されているため、以下ではその内容を確認します。

育児・介護休業法に定められている家族の介護に関する制度の内容

制度	概要
介護休業	要介護状態にある家族を介護するために従業員が取得できる休業
介護休暇	要介護状態にある家族の介護等を行う従業員が、介護その他の世話をするために取得できる休暇
所定外労働の制限	要介護状態にある家族を介護する従業員に、所定労働時間を超える労働を命じることの禁止
時間外労働の制限	要介護状態にある家族を介護する従業員に、法定労働時間について１か月24時間、１年150時間を超える労働を命じることの禁止
深夜業の制限	要介護状態にある家族を介護する従業員に、深夜労働を命じることの禁止
介護短時間勤務等	要介護状態にある家族を介護する従業員が、介護短時間勤務等を選択できるようにすること

※要介護状態の正確な定義はchapter2の育児・介護休業規程第10条第３項（38ページ以降）で解説しています。

▶介護休業

長期雇用の中では、**両親**をはじめ**配偶者**や**子ども**など、従業員の家族が、介護が必要になる状況に置かれることがあります。

そのようなときには、従業員自身が介護をしたり、介護が必要な家族に各種介護サービスを利用するための環境を整備したりするために、従業員が希望(申出)した際に、**家族１人につき93日を上限として介護休業が取得できます**。この介護休業は**３回まで分割して取得することができます**。

ただし、有期雇用労働者は、一定の要件を満たした人のみ取得できます。また、入社１年未満の従業員等、一定の従業員については、労使協定を締結することで介護休業を取得できる従業員から除外となります。

▶介護休暇

連続した比較的長期の休みを想定している介護休業のほかに、１日から数日または時間単位で要介護状態の家族の介護や、その他の世話をする必要が出てくることもあります。そのようなときで従業員が希望（申出）した際に取得できる休暇が介護休暇です。

取得できる日数は、要介護状態の家族が１人のときには１年に５日、２人以上の場合は１年に10日までとなっています。取得は１日単位のほか、**時間単位も認められています。**

勤続６か月未満の従業員等、一定の従業員については、労使協定を締結することで介護休暇を取得できる従業員から除外となります。

▶所定外労働の制限

要介護状態の家族を介護する従業員が希望（請求）した場合には、事業の正常な運営を妨げる場合を除き、会社はその従業員を、**所定労働時間を超えて働かせることができません。**

この請求は、法定労働時間ではなく、所定労働時間を超える労働に対して行うものであるため、**従業員ごとに決められた所定労働時間**を超えて働かせることができなくなるものです。

入社１年未満の従業員等、一定の従業員については、労使協定を締結することで所定外労働の制限を請求できる従業員から除外となります。

▶時間外労働の制限

要介護状態の家族を介護する従業員が希望（請求）した場合には、事業の正常な運営を妨げる場合を除き、会社はその従業員を、**１か月24時間、１年150時間の制限時間を超えて時間外労働（法定時間外労働）をさせることができません。**

「所定外労働の制限」では、所定労働時間を基準としましたが、ここでは法定労働時間が基準になります。

入社１年未満の従業員等、一定の従業員については、時間外労働の制限を請求できる従業員から除外となります。

▶深夜業の制限

要介護状態の家族を介護する従業員が希望（請求）した場合には、事業の正常な運営を妨げる場合を除き、会社はその従業員を、**深夜時間（22時から翌日5時まで）に働かせることができません。**

入社1年未満の従業員や所定労働時間のすべてが深夜の従業員等、一定の従業員については、深夜業の制限を請求できる従業員から除外となります。

▶介護短時間勤務等

要介護状態の家族を介護する従業員が希望（申出）した場合には、以下の4つの制度のうち、会社が定めたいずれか1つ以上の制度を利用することができます。利用できる制度はあらかじめ、会社ごとに就業規則（育児・介護休業規程等）で定めることになっています。

- 短時間勤務の制度
- フレックスタイム制度
- 始業・終業時刻の繰上げ、繰下げ制度
- 従業員が利用する介護サービスの費用助成等の制度

会社は、これらのいずれかの制度について**要介護状態の家族1人につき、利用開始から少なくとも3年間に2回以上の利用が可能となるようにする必要があります（従業員が利用する介護サービスの費用助成等の制度を除く）**。

入社1年未満の従業員等、一定の従業員については、労使協定を締結することで介護短時間勤務等の制度を利用できる従業員から除外となります。

仕事と介護の両立の方法

長期にわたることも多い家族の介護を仕事と両立させようとすると、自分１人で介護をしたり、数名の家族のみで介護をしたりするのでは限界がおとずれることもあります。

そこで、以下のような公的サービスの利用や公的機関への相談といった、介護と仕事を両立できるような対応が必要なケースも多々あります。

▶介護サービス（概要）

介護休業は、従業員が自ら家族の介護に専念するために休むことを想定しているものではなく、介護が必要となる家族を支える体制をつくるために、一定期間、休むことを想定してつくられています。

そのため、介護休業中の時間の使い方は従業員によってさまざまであり、介護サービスを受けるための準備期間として活用したり、介護をするに当たって必要となる家のリフォームを実施したり、家族の介護の方法を従業員が従業員以外の家族と話し合う時間として活用したりと、**家族の介護をしながら仕事を継続できる体制を整えていく時間に充てる**ことが重要になります。当然ながら、家族の介護に専念することを妨げるものではありません。

介護サービスを受ける際には、**介護保険における要介護または要支援認定を受ける**ことになります。

介護保険は40歳以上が加入することになっており、**40歳以上65歳未満の第２号被保険者**と、**65歳以上の第１号被保険者**に区分されています。

第1号被保険者は原因を問わず、要介護認定または要支援認定を受けたときに、第2号被保険者は、がんや関節リウマチ等をはじめとした加齢に伴う疾病（特定疾病）が原因で要介護認定または要支援認定を受けたときに、介護サービスを受けることができます。

利用できる主な介護サービスは次ページ表のとおりですが、これら以外のサービスもあるため、家族の介護が必要な状況と介護の方針とともに利用を考える必要があります。

なお、介護サービスなどの利用については、市区町村、地域包括支援センターが相談に応じています。

▶要介護認定と地域包括支援センター

自分や家族が**要介護（要支援）の認定を受けるときは「市区町村」の窓口で申請**します。また、**介護に関する相談は、市区町村が運営している「地域包括支援センター」が窓口**となっています（外部に委託している場合もあります）。

要介護（要支援）認定は、市区町村の窓口で要介護（要支援）認定の申請をし、認定調査員による調査を受けたうえで、審査・判定が行われ、認定結果が通知されます。

調査時には、主治医（かかりつけ医）による医学的見地からの心身の状況に関する意見書も提出され、審査・判定の参考にされます。この依頼は、市区町村から直接、主治医に行われます。なお、認定の結果は申請から30日以内に市区町村から通知されることになっています。

介護保険で利用できる主な介護サービス

自宅で利用するサービス	訪問介護	訪問介護員（ホームヘルパー）により、入浴、排せつ、食事などの介護や調理、洗濯、掃除等の家事が行われる。
	訪問看護	自宅で療養生活が送れるよう、看護師等により清潔ケアや排せつケアなどの日常生活の援助や、医師の指示のもと必要な医療が提供される。
	福祉用具貸与	日常生活や介護に役立つ福祉用具（車いす、ベッドなど）のレンタルができる。
日帰りで施設等を利用するサービス	通所介護（デイサービス）	食事や入浴などの介護や、心身の機能を維持・向上するための機能訓練などが日帰りで提供される。
	通所リハビリテーション（デイケア）	施設や病院などにおいて、日常生活の自立を助けるために理学療法士、作業療法士、言語聴覚士などによりリハビリテーションが行われ、利用者の心身機能の維持回復が図られる。
宿泊するサービス	短期入所生活介護（ショートステイ）	施設などに短期間宿泊して、食事や入浴などの介護や、心身の機能を維持・向上するための機能訓練などが行われる。
居住系サービス	特定施設入居者生活介護	有料老人ホームなどに入居している高齢者が、日常生活上の支援や介護サービスを利用できる。
施設系サービス	特別養護老人ホーム	常に介護が必要で、自宅では介護が困難な人が入所する。食事、入浴、排せつなどの介護が一体的に提供される。 ※原則要介護3以上の人が対象
小規模多機能型居宅介護		利用者の選択に応じて、事業所への「通い」を中心に、短期間の「宿泊」や利用者の自宅への「訪問」を組み合わせて日常生活上の支援や機能訓練が行われる。
定期巡回・随時対応型訪問介護看護		定期的な巡回や随時通報への対応など、利用者の心身の状況に応じて、24時間365日必要なサービスが必要なタイミングで柔軟に提供される。訪問介護員だけでなく看護師なども連携しているため、介護と看護の一体的なサービスの提供を受けられる。

厚生労働省「育児・介護休業法のあらまし（令和４年11月作成）」より抜粋（一部著者で編集）

仕事と介護の両立の制度整備の推進

会社は**育児・介護休業法に則った介護休業等の制度（ハラスメントへの対応等を含む）を整備し対応**することが必要になり、この実施により従業員の家族の介護に対する法令上の最低限の制度に係る対応は行ったことになります。

ただし、今後のさらなる高齢化を想定すると、家族の介護に対する課題は大きくなることは必然でしょう。法令上の定められた対応のみでは、家族の介護のために離職する人が発生し、労働力の確保という点で苦慮する会社も出てくると思われます。

厚生労働省のホームページには、仕事と介護の両立支援に関するページがあり、国の施策の紹介、特設サイトの紹介、会社や従業員に向けた情報の提供等を行っています。

その中でも、仕事と介護の両立に向けた人事労務担当者向けおよび管理職向けの解説動画や、企業向けのガイド・マニュアル、事例集等が掲載されている**「仕事と介護の両立支援～両立に向けての具体的ツール～」**のページ（二次元バーコード参照）は、多くの会社が利用できるツールが提供されています。

提供されているツールのうち、**「家族介護実態把握調査票」**（22ページ以降参照）は、例えば、一般的に両親の介護に直面する可能性が高まる40代・50代の従業員を中心に配布・回収・分析することで、会社が従業員の家族の介護に関する状況や各種制度の理解度を把握できるほか、従業員に仕事と家族の介護について考えてもらうきっかけとなります。

また、従業員にとって突発的に家族の介護が必要になるときもありますが、家族の加齢に伴う介護では、従業員自身が、家族の介護が必要となっていく状態を認識しているケースもあります。

次ページ以降の調査票は無記名式ですが、場合によっては記名式での調査をすることで従業員の家族の介護に関する状況を個別かつ事前に把握し、会社が対応できる従業員への両立支援を検討するはじめの一歩にもなるでしょう。ただし、**記名式とするときは情報の取扱いに注意が必要です。**

家族介護実態把握調査票

【回答に関して】

①本アンケート調査の所要時間は約10分です。
②本アンケート調査は、社員の皆様の仕事と介護の両立に関する意識を調査するために行うものです。該当する項目の数字を○で囲んでください。回答内容について個人が特定されることはありません。
③本アンケート調査には、すべて回答してください。

※本アンケート調査での「介護」とは、「配偶者、父母、子ども、祖父母、兄弟姉妹、孫、配偶者の父母を介護すること」を指します。また、在宅介護、施設介護、遠距離介護など、ご自身で介護にかかわると判断されるものはすべて含まれます。
※本アンケート調査での「勤務先」とは、当社（出向者は出向先）を、「職場」とは、当社全体ではなく、あなたが所属する事業部または部・課相当の組織を指します。
※指示がある場合を除き、順番に回答してください。

あなたの介護に関する状況について伺います

Q１　あなたは介護をした経験がありますか。【○は１つ】

1．介護をした経験がある
2．介護をした経験がない　　　**→Q４へ進んでください**

【Q１で「1．介護をした経験がある」と回答した方にお伺いします】
Q２　あなたは現在も介護をしていますか。【○は１つ】

1．現在も介護をしている
2．現在は介護をしていない　　　**→Q４へ進んでください**

【Q２で「1．現在も介護をしている」と回答した方にお伺いします】
Q３　あなたは、ご自分が介護にかかわっていることを、勤務先の方に話したり相談したりしていますか。主に相談等している方についてお答えください。【○は１つ】

1．同じ職場の上司
2．同じ職場の同僚
3．同じ職場の部下
4．同じ勤務先だが別の職場の先輩や友人など
5．勤務先の人事総務の担当者
6．勤務先の労働組合
7．勤務先が提供する外部の相談窓口
8．勤務先で話したり相談したりしている人はいない

※回答後はQ５へ進んでください。

【Q１で「2．介護をした経験がない」もしくはQ２で「2．現在は介護をしていない」と回答した方（現在介護をしていない方）にお伺いします】
Q４　あなたは今後５年間のうちに、ご家族・親族を介護する可能性はありますか。【○は１つ】

1．介護する可能性がかなり高い
2．介護する可能性が少しある
3．介護することはない　　　**→Q10へ進んでください**

厚生労働省作成の「家族介護実態把握調査票」を一部著者で編集

【Ｑ２で「１．現在も介護をしている」と回答した方、Ｑ４で「１．介護する可能性がかなり高い」もしくは「２．介護する可能性が少しある」と回答した方にお伺いします】

Ｑ５　現在主に介護をしているのはどなたですか。将来介護する可能性がある方は、どなたが主に介護することになりそうですか。介護を要する方が複数いる場合は、あなたと最も関わりが深い介護についてお答えください。【○は１つ】

１．あなた
２．あなたの配偶者
３．その他の親族
４．わからない

Ｑ６　介護することについて、どの程度の不安を感じますか。【○は１つ】

１．非常に不安を感じる
２．不安を感じる
３．少し不安を感じる
４．不安を感じない　　→Ｑ８へ進んでください
５．わからない　　→Ｑ８へ進んでください

【Ｑ６で１～３のいずれかに回答した方にお伺いします】

Ｑ７　介護に関する不安は、具体的にどのような不安ですか。該当するものすべてをお選びください。【○はいくつでも】

１．公的介護保険制度の仕組みがわからないこと
２．勤務先の介護にかかわる支援制度がない、もしくはわからないこと
３．介護と仕事を両立する際に上司の理解が得られないこと
４．勤務先に介護にかかわる制度はあっても、利用しにくい雰囲気があること
５．介護休業などを職場で取得して仕事をしている人がいないこと
６．代替要員がおらず、介護のために仕事を休めないこと
７．仕事を辞めずに介護と仕事を両立するための仕組みがわからないこと
８．介護と仕事を両立すると、昇進・昇格に影響が出る可能性があること
９．そもそも労働時間が長いこと
10．自分が介護休業を取得すると収入が減ること
11．勤務先や職場に介護に関して相談する部署や担当者がないこと、もしくはわからないこと
12．地域での介護に関する相談先がわからないこと
13．適切な介護サービスが受けられるかどうかわからないこと
14．ほかに介護を分担してくれる家族がいないこと
15．介護がいつまで続くかわからず、将来の見通しを立てにくいこと
16．公的介護保険制度の要介護者となった場合、どのような状態になるのか予想がつかないので、漠然とした不安がある
17．その他

Ｑ８　介護をしながら、現在の勤務先で仕事を続けることができると思いますか。【○は１つ】

１．続けられると思う
２．続けられないと思う
３．わからない

Ｑ９　介護のことについて、職場の上司や同僚に話したり、相談したりすることができる雰囲気が、職場にありますか。【○は１つ】

１．ある
２．ない
３．どちらともいえない

Q10　あなたが介護することになった場合、どのような働き方が望ましいと思いますか。将来介護することがないと思う方もお答えください。【○は１つ】
1．今の仕事を辞めて介護に専念する
2．介護が必要な時期は休業制度を利用して自分が介護をして、その後仕事に復帰する
3．介護休業や介護休暇、介護のための短時間勤務や所定外労働の制限などの支援制度を利用しつつ、できるだけ普通に働き続けながら、仕事と介護を両立する
4．介護のための支援制度を利用せずに、年次有給休暇などで対処する
5．仕事の仕方を特に変えない
6．その他

Q11　あなたは、公的介護保険制度の被保険者ですか（介護保険料を支払っていますか）。【○は１つ】
1．はい
2．いいえ
3．わからない

Q12　あなたは、公的介護保険制度のことについてご存知ですか。知っている内容すべてをお選びください。【○はいくつでも】
1．介護保険のサービスを受けられるのは原則65歳以上であること
2．介護保険のサービスを利用した場合の自己負担割合は原則として１割であること
3．要介護の認定基準には「要支援」と「要介護」があること
4．施設サービスを利用した場合の居住費・食費は原則として全額自己負担であること
5．支給限度額を超えて在宅介護サービスを利用した場合、その超過分が全額自己負担になること
6．介護保険サービスは生活をするうえで最低限の介護サービスを提供しているので、できないサービスもあること
7．上記のなかで知っているものはない

Q13　あなたは、地域包括支援センターのことについてご存知ですか。【○は１つ】
1．利用したことがあり、名称も利用方法も知っている
2．利用したことはないが、名称について聞いたことがあり、利用方法も知っている
3．名称について聞いたことがあるが、利用方法は知らない
4．名称も利用方法も知らない

Q14　あなたの勤務先の介護に関する支援制度について、どの程度知っていますか。【○は１つ】
1．どのような制度があるかは知っており、内容もおおよそわかる
2．制度があることは知っているが、内容はわからない
3．制度があるかどうか知らない
4．制度はない

Q15　介護休業に対するあなたの考え方をお聞きします。あなたの考えにもっとも近いものをお選びください。
A：介護休業期間は主に仕事を続けながら介護をするための体制を構築する期間である
B：介護休業期間は介護に専念するための期間である
1．A
2．どちらかというとA
3．どちらともいえない
4．どちらかというとB
5．B

あなたの仕事や職場の状況について伺います

Q16　あなたの職場の残業の程度は平均的にみて次のどれに当たりますか。【○は１つ】
1．恒常的に残業がある
2．週に半分は残業がある
3．おおむね定時退社している
4．その他

Q17 あなたの１年間の年次有給休暇は希望通りとれましたか。【○は１つ】
（※○年○月○日時点での実績で回答してください）

1．希望通りとれた
2．大体希望通りとれた
3．どちらともいえない
4．あまり希望通りとれなかった
5．希望通りとれなかった

Q18 あなたの勤務先や職場では、長時間労働の削減や業務効率化のためにどのような取組みをしていますか。【○はいくつでも】

1．業務簡素化や要員配置の見直しなどの業務処理体制の改善
2．仕事のスケジュール管理や労働時間の使い方に関する管理職への研修
3．残業時間を削減したことが評価へ反映される
4．ノー残業デーなど、職場全体の長時間労働を見直す取組み
5．仕事のスケジュール管理や労働時間の使い方に関する一般社員への教育
6．長時間勤務社員への相談・指導
7．特に何も実施していない
8．その他

Q19 あなたの職場のコミュニケーションについて、最も当てはまるものをそれぞれお答えください。【それぞれ○は１つ】

	1 そう思う	2 ややそう思う	3 あまりそう思わない	4 そう思わない
a．上司とのコミュニケーションは円滑である	1	2	3	4
b．同僚や部下とのコミュニケーションは円滑である	1	2	3	4

あなたご自身について伺います

Q20 性別【○は１つ】

1．男性
2．女性

Q21 ご自身の年齢をご記入ください

歳

Q22 役職（出向中は出向先の役職）【○は１つ】

1．一般社員
2．主任・係長相当職
3．課長相当職
4．部長相当職以上

―ご協力ありがとうございました―

Column

会社の介護への取組みを示す「トモニン」マーク

使用イメージ

株式会社 田中商会

代表取締役 田中 英男

厚生労働省は、企業が介護離職を未然に防止するため、仕事と介護を両立できる職場環境の整備促進に取り組むことを示すシンボルマーク「トモニン」を作成しています。

「トモニン」マークは、マークの作成の趣旨に基づき、インターネット上の「両立支援のひろば」に介護休業関係の両立支援の取組みを登録すること等で利用できます。

「トモニン」マークを、従業員の募集・採用時に、募集要項や会社案内、ホームページなどに掲載し会社の取組みをアピールしたり、商品や名刺などに掲載し企業のイメージアップを図ったり、広報誌や社内報などに掲載し、取組みを紹介することで、自社の従業員の意識啓発に活用することなどが考えられます。

詳細は厚生労働省「両立支援のひろば」のトモニンマークを説明したページ（二次元バーコード参照）でご確認ください。

chapter 2

規程を整備しましょう！

仕事と介護を支援する
制度づくりをしよう

育児・介護休業規程の整備ポイント

02 家族の介護を支援する制度がよくわかっていないので一度、規程を熟読してみます！

大岩さんの介護休業の取得に関する調整が進められ、いよいよ開始予定日が決定。多くの業務を担っていることもあり、いきなり「介護休業」ではなく、先立って年次有給休暇を取得するなど、会社と大岩さん、どちらにとっても最善かつ柔軟と思われる対応を取ることになった。

島田さん、システム部の大岩さんだが、１か月間の介護休業を取ることになったよ。部内での業務の引継ぎがあるので、介護休業を取るのは再来月の１日からになりそう、とのことだ。

そうでしたか。たくさんの業務を任されていた大岩さんが介護休業となると、会社への影響もありますね。

そうなんだよ。だから高橋部長が調整してくれたらしい。私からも、いきなり介護休業でなくても、年次有給休暇や介護休暇を利用したり、介護のための残業の免除制度というのもあるので、活用したりしてはどうかと提案していたんだ。大岩さんは「介護休業を取るしかない」と思い込んでいたので、驚いていたよ。

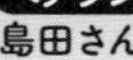

引継ぎをしつつ、本格的な休業前にフォローの時間を設けることができると、周囲のメンバーは助かりますよね。

「家族の介護」と聞くと、なんとなく「介護休業」をイメージしてしまうけど、家族の状況によっては、すぐに長期のお休みが必要でないこともありますよね。「介護休暇」とか勉強不足の部分があるので、育児・介護休業規程を一度、熟読してみます。

育児・介護休業法に基づく各種制度

育児・介護休業法に基づく各種制度は、就業規則に必ず記載が必要な休暇や始業・終業時刻に関するものが多くあります。

ただし、その内容は詳細かつ相当なボリュームになることから、一般的には就業規則に定めるのではなく、33ページから解説する**「育児・介護休業規程」**等(※)として独立した規程を整備し、就業規則には**「育児休業および介護休業等に関する事項の詳細は育児・介護休業規程に定める」**とだけ記載するケースが多くなっています。

ここでは、厚生労働省から公開されているパンフレット「就業規則への記載はもうお済みですか―育児・介護休業等に関する規則の規定例―[詳細版](令和4年10月作成)」にある「育児・介護休業等に関する規則の規定例」を「育児・介護休業規程」として、若干のアレンジを加えつつ規程を作成・改定するときや規程を読み込むときに必要な知識を解説していきます。

なお、厚生労働省から公開されている規定例には、詳細版と簡易版があります(以下、詳細版を「規定例」という)。いずれを利用しても法令を満たすものになっていますが、**細かな社内の運用手続きを明確にしておくのであれば「詳細版」の利用をお勧めします。**

また、厚生労働省のパンフレットでは、社内様式や労使協定の例も公開しています。法令で定められた項目や内容を満たしていれば、厚生労働省から公開されている社内様式や労使協定以外を用いることも可能です。本書では厚生労働省が公開しているこれらを基本に一部、修正を加えています。

厚生労働省から公開されていない社内様式は、著者オリジナルとして随所で加えています。育児・介護休業規程等は読者特典としてダウンロードをできるので、ご利用ください(10ページ参照)。

※規程の名称に定めはありません。本書では「育児・介護休業規程」という名称で統一して解説を行います。

なお、条文にあるアミカケ（　　）をした文字の部分は、各社の状況に合わせて最低限、確認・変更が必要と思われる部分です。規程整備の際には自社に合わせて変更してください。

押さえておきたい育児・介護休業規程の全体像

育児・介護休業規程では、育児休業や介護休業の制度をはじめとし、さまざまな制度について規定しています。

下表が章立てと育児・介護のいずれに（または両方に）関する制度かを整理したものです。このうち、従業員が利用できる制度について規定しているのは、第２章から第９章です。

なお、本書は家族の介護をテーマとしているため、育児に関することは原則として解説を省略しています。ご了承ください。

規定例における章立ての整理

章	項目	育児	介護	本文解説	規程例
1	目的	○	○	33ページ	179ページ
2	育児休業制度	○	—	——	179ページ
3	介護休業制度	—	○	34ページ	186ページ
4	子の看護休暇	○	—	——	188ページ
5	介護休暇	—	○	67ページ	189ページ
6	所定外労働の制限	○	○	75ページ	190ページ
7	時間外労働の制限	○	○	84ページ	191ページ
8	深夜業の制限	○	○	93ページ	192ページ
9	所定労働時間の短縮措置等	○	○	104ページ	193ページ
10	ハラスメント等の防止	○	○	127ページ	196ページ
11	その他	○	○	128ページ	197ページ

厚生労働省が公開している規定例の構成

厚生労働省の規定例では、例えば介護休業を取得できる従業員の範囲のように、労使協定を締結するか否か等でいくつかの選択肢があるものについて、複数の例がケースごとに列記されています。

本書では規定例を利用しつつも、前述のような選択肢が複数あることで本書の特典（Word形式の規程）を読者の方がそのまま使用できず、多くの加工が必要になることを避けるため、法令に定められている内容をできるだけ多く盛り込んだ「１つの規程」にまとめて解説・提供しています。

ただし、第９章の「所定労働時間の短縮措置等」については、４つの制度から１つ以上を選択することになっているため、規定例にある条文３つをすべて第20条として列記しました。４つの制度のうち１つ選択する前提となっているため、ご注意ください。

また、社内様式は、特典では「様式」を提供していますが、本書では記入すべき内容がわかるように様式に記入例を加えています。一般的な事例に基づく記入例ですが、従業員から記入方法の問い合わせがあった際の参考にしてください。

各種制度を利用できる従業員

各章にまとめられている制度は、利用できる従業員の範囲が異なっています。法令上、制度の利用ができない従業員もいれば、労使協定の締結により、従業員からの利用の申出や請求を会社が拒むことができるものもあります。

章ごとにある［対象者］の条で解説を加えていますが、一覧にまとめると次ページ表のようになります（日雇従業員はすべての制度において対象外となるため省略しています）。

○：対象　×：対象外　△：労使協定により対象外

	介護休業	介護休暇	所定外労働の制限	時間外労働の制限	深夜業の制限	短時間勤務	時差出勤	費用助成
有期契約労働者	○ ※1	○	○	○	○	○	○	○
雇用期間1年未満	△	○	△	×	×	△	△ ※2	△ ※2
雇用期間6か月未満	—	△	—	—	—	—	—	—
93日以内に雇用終了	△	○	○	○	○	○	○	○
1週間の所定労働日数2日以下	△	△	△	×	×	△	△ ※2	△ ※2
1日の所定労働時間6時間以下	○	○	○	○	○	× ※2	× ※2	× ※2
介護できる同居家族がいる	○	○	○	○	×	○	○	○
所定労働時間の全部が深夜	○	○	○	○	×	○	○	○
業務の性質・業務の実施体制で制度導入困難	○	△ ※3	○	○	○	○	○	○

※1　介護休業開始予定日から数えて93日経過した日から、6か月を経過する日までの間に労働契約が満了し、更新されない場合は対象外
※2　条文には記載していない
※3　時間単位での取得のみ対象外（1日単位の取得は可能）

第1章　目的

▶第１条(目的)

第１条

> **育児・介護休業規程**
>
> 第１章　目的
>
> （目的）
> 第１条
> 　本規程は、従業員の育児・介護休業（出生時育児休業含む。以下同じ。）、子の看護休暇、介護休暇、育児・介護のための所定外労働、時間外労働及び深夜業の制限並びに育児・介護短時間勤務等に関する取扱いについて定めるものである。

この規程を作成する目的を示すものです。30ページの表「規定例における章立ての整理」で示した利用できる制度の第２章から第９章の制度の名称を列記しています。

第2章　育児休業制度

第２章（第２条から第９条の２まで）は、育児休業および出生時育児休業に関することであるため、本書では解説および社内様式の掲載は行いません。

育児休業等については姉妹図書『新版　総務担当者のための産休・育休の実務がわかる本』（日本実業出版社）をご利用いただければ幸いです。

なお、179ページに掲載した、ダウンロードができる「育児・介護休業規程」には、育児休業等に関する条文も含まれています。

第3章　介護休業制度

▶第10条（介護休業の対象者）

第1項［対象者］

第10条第1項

> 第3章　介護休業制度
>
> （介護休業の対象者）
> 第10条
> 1　要介護状態にある家族を介護する従業員（日雇従業員を除く）は、この規程に定めるところにより介護休業をすることができる。ただし、有期雇用従業員にあっては、申出時点において、介護休業を開始しようとする日（以下、「介護休業開始予定日」という。）から93日経過日から6か月を経過する日までに労働契約期間が満了し、更新されないことが明らかでない者に限り、介護休業をすることができる。

介護休業は、**原則として日雇従業員を除き、全従業員が取得できます**。ただし、雇用期間に定めのある有期契約労働者は、申出時点において、介護休業開始予定日から数えて93日経過した日から、さらに6か月を経過する日までに、労働契約が終了することが明らかでない場合に取得できます（下図参照）。

有期契約労働者で介護休業が取得できない例

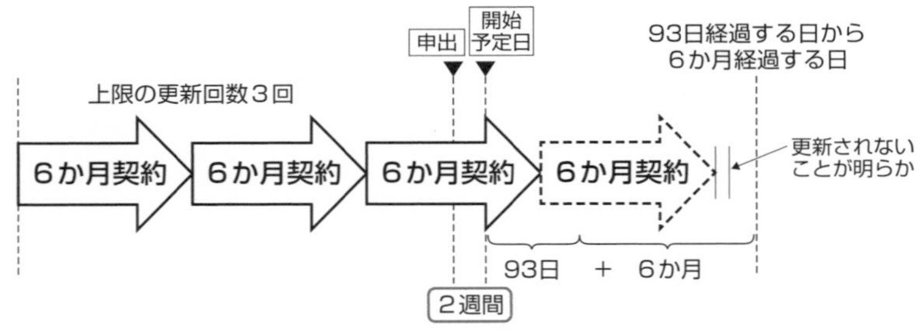

これは、介護休業終了後に短期間で雇用関係が終了することがわかっている従業員に介護休業を取得させることは、介護休業が長期

雇用の中の一時的な休業であることや、会社の負担になることを想定して、認めないとしたものです。

なお、労働条件通知書等で契約の更新について「更新する場合がある」とすることがありますが、このようなケースでは「更新されないことが明らか」（労働契約の終了が確実）とは判断されません。

有期契約労働者の要件の確認

有期契約労働者には、2022年３月31日まで「入社１年以上であること」という要件が設けられていましたが、2022年４月１日施行の改正育児・介護休業法でこの要件が削除されました。育児・介護休業規程に以前の規定が残っているときには、削除が必要です。

有期契約労働者も全員、介護休業を取れるようにすることは問題か？

A すべての有期契約労働者について、介護休業を取得できるようにすることは、育児・介護休業法を上回る対応であり問題ありません。規定例には「有期雇用労働者のすべてを介護休業の対象とする例」等、制度の対象者を広く設定する条文例が記載されていますので参考にするとよいでしょう。

なお、介護休業が取得できることと、chapter 3 で解説する介護休業給付金（140ページ参照）が支給されることは別の考え方になります。従業員の誤解のないよう事前に説明することが重要です。

第２項［労使協定により申出を拒める従業員］

第10条第２項

> ２　本条第１項にかかわらず、労使協定により除外された次の従業員からの休業の申出は拒むことができる。
> 一　入社１年未満の従業員
> 二　申出の日から93日以内に雇用関係が終了することが明らかな従業員
> 三　１週間の所定労働日数が２日以下の従業員

第１項の有期契約労働者のほかに、労使協定の締結により、入社１年未満の従業員（雇用期間に定めのある契約か否かは問わない）等から介護休業の申出があった際、その申出を拒むことができます（実質的には取得できないことになります）。

例えば、**入社して間もない従業員からの申出や、65歳定年として**

育児・介護休業等に関する労使協定の例

育児・介護休業等に関する労使協定

株式会社＿＿＿＿＿＿と従業員代表＿＿＿＿＿＿は、当社における育児・介護休業等に関し、以下のとおり協定する。

第１条（育児休業の申出を拒むことができる従業員）
次の従業員から１歳（法定要件に該当する場合は１歳６か月または２歳）に満たない子を養育するための育児休業の申出があったときは、会社はその申出を拒むことができるものとする。
一　入社１年未満の従業員
二　申出の日から１年以内（１歳６か月および２歳までの休業の申出の場合は６か月以内）に雇用関係が終了することが明らかな従業員
三　１週間の所定労働日数が２日以下の従業員
２．次の従業員から出生時育児休業の申出があったときは、会社はその申出を拒むことができるものとする。
一　入社１年未満の従業員
二　申出の日から８週間以内に雇用関係が終了することが明らかな従業員
三　１週間の所定労働日数が２日以下の従業員

第２条（介護休業の申出を拒むことができる従業員）
次の従業員から介護休業の申出があったときは、会社はその申出を拒むことができるものとする。
一　入社１年未満の従業員
二　申出の日から93日以内に雇用関係が終了することが明らかな従業員
三　１週間の所定労働日数が２日以下の従業員

第３条（子の看護休暇・介護休暇の申出を拒むことができる従業員）
次の従業員から子の看護休暇・介護休暇の申出があったときは、会社はその申出を拒むことができるものとする。
一　入社６か月未満の従業員
二　１週間の所定労働日数が２日以下の従業員

第４条（子の看護休暇・介護休暇を時間単位で取得することの申出を拒むことできる従業員）
業務の性質または業務の実施体制に照らして時間単位で子の看護休暇・介護休暇を取得することが困難と認められる以下の業務に従事する従業員から、時間単位での取得の申出があったときは会社はその申出を拒むことができるものとする。
- ○○○○（具体的な業務を指定する）
- ○○○○（具体的な業務を指定する）

第５条（育児・介護のための所定外労働の制限の請求を拒むことができる従業員）
次の従業員から所定外労働の制限の請求があったときは、会社はその請求を拒むことができるものとする。
一　入社１年未満の従業員
二　１週間の所定労働日数が２日以下の従業員

いる会社の65歳定年退職間近（必ず定年退職することになっている場合に限る）の従業員等からの申出が考えられます。

あくまでも申出を拒むことができるというものであるため、申出のあった従業員の状況によって介護休業の取得を認めることもでき、そもそも労使協定を締結しないことも当然、可能です。

第６条（育児短時間勤務の申出を拒むことができる従業員）
次の従業員から育児短時間勤務の申出があったときは、会社はその申出を拒むことができるものとする。
一　入社１年未満の従業員
二　１週間の所定労働日数が２日以下の従業員
三　業務の性質または業務の実施体制に照らして所定労働時間の短縮措置を講ずることが困難と認められる業務として以下に定める業務に従事する従業員
・○○○○（具体的な業務を指定する）
・○○○○（具体的な業務を指定する）

第７条（介護短時間勤務の申出を拒むことができる従業員）
次の従業員から介護短時間勤務の申出があったときは、会社はその申出を拒むことができるものとする。
一　入社１年未満の従業員
二　１週間の所定労働日数が２日以下の従業員

第８条（従業員への通知）
第１条から第７条までのいずれかの規定により、従業員の申出を拒むときは、会社はその旨を従業員に通知するものとする。

第９条（出生時育児休業の申出期限）
会社（三を除く。）は、出生時育児休業の申出が円滑に行われるよう、次の措置を講じることとする。その場合、会社は、出生時育児休業の申出期限を出生時育児休業を開始する日の１か月前までとすることができるものとする。
一　全従業員に対し、年１回以上、育児休業制度（出生時育児休業含む。以下同じ。）の意義や制度の内容、申請方法等に関する研修を実施すること。
二　育児休業に関する相談窓口を人事部労務課に設置し、従業員に周知すること。
三　育児休業について、法人として、毎年度「男性従業員の取得率○％以上　取得期間平均○か月以上」「女性従業員の取得率○％以上」を達成することを目標とし、この目標及び育児休業の取得の促進に関する方針を社長から従業員に定期的に周知すること。また、男性従業員の取得率や期間の目標については、達成状況を踏まえて必要な際には上方修正を行うことについて労使間で協議を行うこと。
四　育児休業申出に係る従業員の意向について、人事部労務課から、当該従業員に書面を交付し回答を求めることで確認する措置を講じたうえで、従業員から回答がない場合には、再度当該従業員の意向確認を実施し、当該従業員の意向の把握を行うこと。

第10条（出生時育児休業中の就業）
出生時育児休業中の就業を希望する従業員は、就業可能日等を申し出ることができるものとする。

第11条（有効期間）
本協定の有効期間は、　　年　月　日から　　年　月　日までとする。ただし、有効期間満了の１か月前までに、会社、従業員代表いずれからも申出がないときには、さらに１年間有効期間を延長するものとし、以降も同様とする。

　　年　　月　　日

株式会社
代表取締役　　　　　　　　　　印
従業員代表　　　　　　　　　　印

第３項［要介護状態の定義と家族の範囲］

第10条第3項

> ３　この要介護状態にある家族とは、負傷、疾病又は身体上若しくは精神上の障害により、２週間以上の期間にわたり常時介護を必要とする状態にある次の者をいう。
> (1)　配偶者
> (2)　父母
> (3)　子
> (4)　配偶者の父母
> (5)　祖父母、兄弟姉妹又は孫
> (6)　上記以外の家族で会社が認めた者

介護休業は、要介護状態にある家族を介護する従業員が取得できますが、この「要介護状態」と「家族」、そして「常時介護を必要とする状態」は以下のように定められています。

▶「要介護状態」の定義

「要介護状態」とは、条文にもあるように**「負傷、疾病又は身体上若しくは精神上の障害により、２週間以上の期間にわたり常時介護を必要とする状態**」です。

「介護」とは、歩行、排泄、食事等の日常生活に必要な便宜を供与することであり、一般的に加齢（老齢）によるもののイメージがありますが、**加齢によるものに限らず、ケガや病気によるものや、ケガや病気により障害が残ったもの、先天的に障害がある場合も含まれます。**

ただし、乳幼児は通常、成長する過程で日常生活に必要な便宜を供与することが必要になりますが、その状態は当然、含まれません。

また、要介護状態というと、介護保険制度による要介護認定の申請を行い、要介護度の認定を受けたことが想像されますが、育児・

介護休業法における「要介護状態」とは必ずしもそれと一致するものに限りません。

そのため、例えばケガをして1か月間自宅で療養が必要になり、それが2週間以上の期間にわたり常時介護を必要とする状態であれば、育児・介護休業法における要介護状態に該当します。

▶「家族」の範囲

「要介護状態にある家族」の「家族」とは、従業員の**配偶者**（**事実婚の人を含む**）、**父母**、**子ども**、**配偶者の父母**、**祖父母**、**兄弟姉妹および孫**です（下図参照）。

家族の範囲

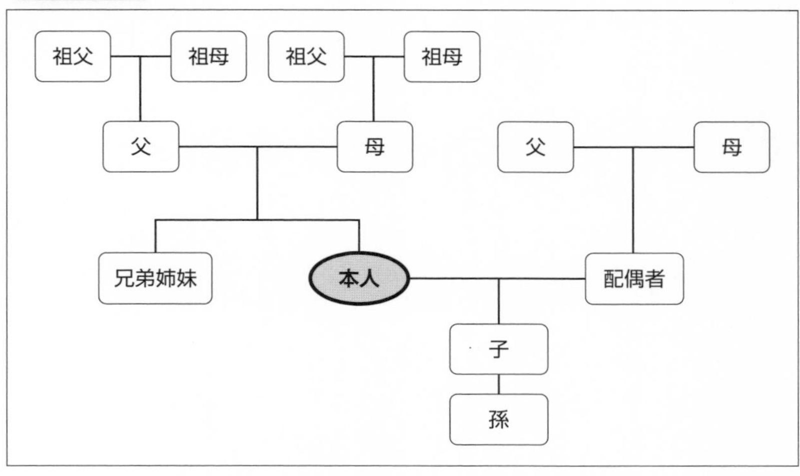

条文には、第6号に「上記以外の家族で会社が認めた者」が規定されていますが、これはあくまでも育児・介護休業法を上回るものです。

第6号に該当する人として、例えば、叔父や叔母が考えられます。

叔父や叔母にとって従業員以外の親族がいない事例も発生し、従業員が叔父や叔母の介護を担うことがあります。

法令上の対象家族以外の家族を介護休業の対象として認めるのかは、会社の判断となります。条文では、「会社が認めた」という文言が入っているものの、事前に該当するケースを想定のうえ、規定に盛り込むか、盛り込むときにはどこまで具体的に規定するのかを検討しておいたほうがよいでしょう。

なお、chapter 3 で解説する雇用保険の介護休業給付金が支給される家族と、育児・介護休業法上の介護休業が取得できる家族とは同じです（他の要件もあります）。会社が法令上の対象家族以外の家族に対する介護休業の取得を認めたとしても、介護休業給付金は支給されません。

介護休業の対象家族の範囲の変更

2016年12月31日までは、祖父母、兄弟姉妹および孫について、同居し扶養していることが介護休業の対象家族の要件でしたが、2017年1月1日施行の改正育児・介護休業法でこの要件は削除されました。そのため、介護休業は要介護状態の家族を介護するためであれば、従業員と対象家族が同居であるか、別居であるか、扶養しているか、していないかは問われず取得できます。また、ほかに介護する家族がいるか否かも問われません。

家族の範囲に「祖父母、兄弟姉妹または孫であって従業員が同居し、かつ、扶養している者」という規定が残っているときには削除が必要です。

▶常時介護を必要とする状態

要介護状態とは「２週間以上の期間にわたり常時介護を必要とする状態」のことであり、「常時介護を必要とする状態」とは、次ページ「常時介護を必要とする状態に関する判断基準」の(1)または(2)

のいずれかに該当する場合のことをいいます。

なお、この基準に厳密に従うことにとらわれて従業員が介護休業を取得できないことにならないよう、**介護をしている従業員の個々**

常時介護を必要とする状態に関する判断基準

(1) 介護保険制度の要介護状態区分において要介護２以上であること。
(2) ①～⑫のうち、状態２が２つ以上または３が１つ以上該当し、かつ、その状態が継続すると認められること。

項目＼状態	1（注1）	2（注2）	3
① 座位保持（10分間１人で座っていることができる）	自分で可	支えてもらえればできる（注3）	できない
② 歩行（立ち止まらず、座り込まずに５m程度歩くことができる）	つかまらないでできる	何かにつかまればできる	できない
③ 移乗（ベッドと車いす、車いすと便座の間を移るなどの乗り移りの動作）	自分で可	一部介助、見守り等が必要	全面的介助が必要
④ 水分・食事摂取（注4）	自分で可	一部介助、見守り等が必要	全面的介助が必要
⑤ 排泄	自分で可	一部介助、見守り等が必要	全面的介助が必要
⑥ 衣類の着脱	自分で可	一部介助、見守り等が必要	全面的介助が必要
⑦ 意思の伝達	できる	ときどきできない	できない
⑧ 外出すると戻れない	ない	ときどきある	ほとんど毎回ある
⑨ 物を壊したり衣類を破くことがある	ない	ときどきある	ほとんど毎日ある（注5）
⑩ 周囲の者が何らかの対応をとらなければならないほどの物忘れがある	ない	ときどきある	ほとんど毎日ある
⑪ 薬の内服	自分で可	一部介助、見守り等が必要	全面的介助が必要
⑫ 日常の意思決定（注6）	できる	本人に関する重要な意思決定はできない（注7）	ほとんどできない

（注1）各項目の１の状態中、「自分で可」には、福祉用具を使ったり、自分の手で支えて自分でできる場合も含む。
（注2）各項目の２の状態中、「見守り等」とは、常時の付き添いの必要がある「見守り」や、認知症高齢者等の場合に必要な行為の「確認」「指示」「声かけ」等のことである。
（注3）「①座位保持」の「支えてもらえればできる」には背もたれがあれば１人で座っていることができる場合も含む。
（注4）「④水分・食事摂取」の「見守り等」には動作を見守ることや、摂取する量の過少・過多の判断を支援する声かけを含む。
（注5）⑨３の状態（「物を壊したり衣類を破くことがほとんど毎日ある」）には「自分や他人を傷つけることがときどきある」状態を含む。
（注6）「⑫日常の意思決定」とは毎日の暮らしにおける活動に関して意思決定ができる能力をいう。
（注7）慣れ親しんだ日常生活に関する事項（見たいテレビ番組やその日の献立等）に関する意思決定はできるが、本人に関する重要な決定への合意等（ケアプランの作成への参加、治療方針への合意等）には、指示や支援を必要とすることをいう。

の事情に合わせて、なるべく従業員が仕事と介護を両立できるよう、柔軟に運用することが望ましいとされています。

また、会社が要介護状態の確認をするために、証明書等の提出を求めること自体は可能ですが、介護保険の要介護認定の結果通知書や医師の診断書の提出を、介護休業をはじめとした各種制度の利用条件とすることはできません。要介護状態等の確認については、第11条第3項（45ページ）を確認してください。

これらの定義は、介護休業のみならず、育児・介護休業法の介護に関する各種制度の要介護状態の判断にも用いられます。

▶第11条（介護休業の申出の手続等）

第1項［申出方法］

第11条第1項

> 1　介護休業をすることを希望する従業員は、原則として介護休業開始予定日の2週間前までに、介護休業申出書（社内様式6）を人事部労務課に提出することにより申し出るものとする。なお、介護休業中の有期雇用従業員が労働契約を更新するに当たり、引き続き休業を希望する場合には、更新された労働契約期間の初日を介護休業開始予定日として、介護休業申出書により再度の申出を行うものとする。

介護休業は、要件を満たした従業員が申出をすることによって取得できるものです。申出に当たっては、従業員が以下の項目について申し出ることになっています。

> ①申出の年月日
> ②従業員の氏名
> ③申出に係る対象家族の氏名および従業員との続柄
> ④申出に係る対象家族が要介護状態にあること
> ⑤休業を開始しようとする日および休業を終了しようとする日
> ⑥申出に係る対象家族についてのこれまでの介護休業日数

具体的には「介護休業申出書」（下の社内様式６）にある項目や内容について書面（ＦＡＸや電子メール<書面にできる場合のみ>を含む）等（以下、「書面等」という）で行うことが必要です。

介護休業申出書の例

社内様式６

介護休業申出書

代表取締役
田中 英男　殿

［申出日］ **202X** 年 **6** 月 **1** 日
［申出者］所属 **システム部**
氏名 **大岩 治雄**

私は、育児・介護休業規程（第11条）に基づき、下記のとおり介護休業の申出をします。

記

1　休業に係る家族の状況	(1)　氏名	**大岩　友也**
	(2)　本人との続柄	**父**
	(3)　介護を必要とする理由	**歩行や衣類の着脱、薬の内服で介助が必要**
2　休業の期間	**202X** 年 **6** 月 **16** 日から **202X** 年 **7** 月 **15** 日まで （職場復帰予定日　**202X** 年 **7** 月 **16** 日）	
3　申出に係る状況	(1)　休業開始予定日の２週間前に申し出て	(いる)・いない→申出が遅れた理由 〔　　　　〕
	(2)　１の家族について、これまでの介護休業をした回数及び日数	**0** 回　**0** 日
	(3)　１の家族について介護休業の申出を撤回したことが	(ない)・ある（　　回） →既に２回連続して撤回した場合、再々度申出の理由 〔　　　　〕

<提出先>　直接提出や郵送のほか、電子メールでの提出も可能です。
総務部　メールアドレス：soumu@xxx.co.jp

申出の期限は原則として介護休業を開始しようとする日の２週間前までと法令で定められており、この期間を例えば「１か月前まで」のような長い期間に変更することはできません。

介護休業を取得できる有期契約労働者については、第10条第１項（34ページ）のとおりですが、取得できる有期契約労働者であっても、申出の時点で締結している労働契約の期間を超えて介護休業の期間を申し出ることはできないため、あくまでも締結している労働契約の期間に対して申出をしたうえで、労働契約が更新された後に、再度介護休業の申出が必要になります。

第２項［申出回数］

第11条第２項

> ２　申出は、対象家族１人につき３回までとする。ただし、本条第１項の後段の申出をしようとする場合にあっては、この限りでない。

介護休業は、第13条（54ページ）にあるように、介護休業の**取得対象となる家族１人につき、93日を上限**として取得できます。この期間は、連続して取得することもできますが、**最大３回に分けて取得することもできます**（下図参照）。

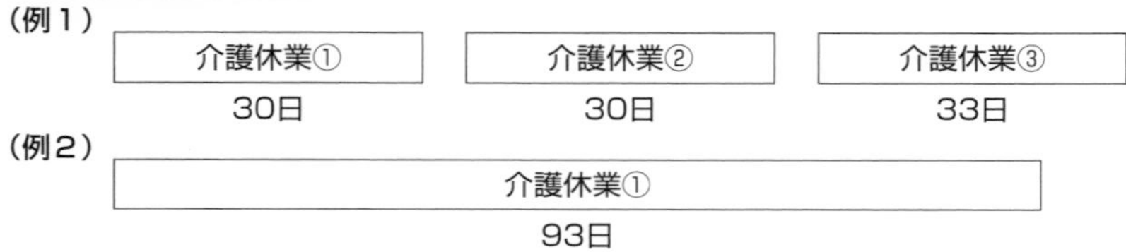

取得できる期間（１回目の開始から、３回目の終了までの長さ）に定めはないことから、対象家族の介護の期間が長期にわたったと

しても、対象家族１人につき上限93日かつ最大３回に分けて取得することができます。

第３項［証明書の提出］

第11条第3項

> 3　会社は、介護休業申出書を受け取るに当たり、必要最小限度の各種証明書の提出を求めることがある。

介護休業は要介護状態の家族を介護するための休業であることから、会社は従業員が介護休業を取得できる状況にあるのかを確認するために**各種証明書の提出を求めることができます。**

従業員と対象家族の続柄を確認するためには、例えば「**住民票記載事項の証明書**」の提出が考えられ、要介護状態の事実を確認するためには、対象家族に係る市町村が交付する**介護保険の被保険者証**や、医師等が交付する**要介護状態の基準に係る事実を証明する書類**等の提出が考えられます。

ただし、**介護休業の申出をする従業員に過大な負担をかけることのないようにすべきであり、各種証明書の提出を制度利用の条件とすることは認められません。**

介護保険制度の要介護認定の判断がされるには一定の時間を要することもあるため、公的な書類の提出を求めつつも、例えば、41ページ表「**常時介護を必要とする状態に関する判断基準**」に沿って、従業員が対象家族の状況に○をつけ、常時介護を必要とする状態を申告することも考えられます。

次ページの社内様式６－２は、従業員自身が家族の要介護状態の申告を、「介護休業申出書」社内様式６（43ページ）に添付するような形で行うことをイメージした著者オリジナルの様式です。

対象家族の常時介護を必要とする状態に関する申告書の例

著者オリジナル様式

社内様式６－２

対象家族の常時介護を必要とする状態に関する申告書

代表取締役
田中 英男　　殿

［申出日］ 202X 年 6 月 1 日
［申出者］所属　システム部
　　　　　氏名　大岩 治雄

社内様式６に係る対象家族の常時介護を必要とする状態を下記のとおり申告します。

記

①～⑫のうち、下表のとおり、状態２が２つ以上または３が１つ以上該当し、かつ、その状態が継続すると認められます（該当部分に○を付けて申告）。

項目＼状態	1（注1）	2（注2）	3
①座位保持（10分間１人で座っていることができる）	自分で可	支えて（もらえれば）できる（注3）	できない
②歩行（立ち止まらず、座り込まずに５ｍ程度歩くことができる）	つかまらないでできる	何かに（つかまれば）できる	できない
③移乗（ベッドと車いす、車いすと便座の間を移るなどの乗り移りの動作）	（自分で可）	一部介助、見守り等が必要	全面的介助が必要
④水分・食事摂取（注4）	（自分で可）	一部介助、見守り等が必要	全面的介助が必要
⑤排泄	（自分で可）	一部介助、見守り等が必要	全面的介助が必要
⑥衣類の着脱	自分で可	一部介助、（見守り）等が必要	全面的介助が必要
⑦意思の伝達	（できる）	ときどきできない	できない
⑧外出すると戻れない	（ない）	ときどきある	ほとんど毎回ある
⑨物を壊したり衣類を破くことがある	（ない）	ときどきある	ほとんど毎日ある（注5）
⑩周囲の者が何らかの対応をとらなければならないほどの物忘れがある	（ない）	ときどきある	ほとんど毎日ある
⑪薬の内服	自分で可	一部介助、（見守り）等が必要	全面的介助が必要
⑫日常の意思決定（注6）	（できる）	本人に関する重要な意思決定はできない（注7）	ほとんどできない

（注１）各項目の１の状態中、「自分で可」には、福祉用具を使ったり、自分の手で支えて自分でできる場合も含む。
（注２）各項目の２の状態中、「見守り等」とは、常時の付き添いの必要がある「見守り」や、認知症高齢者等の場合に必要な行為の「確認」「指示」「声かけ」等のことである。
（注３）「①座位保持」の「支えてもらえればできる」には背もたれがあれば１人で座っていることができる場合も含む。
（注４）「④水分・食事摂取」の「見守り等」には動作を見守ることや、摂取する量の過少・過多の判断を支援する声かけを含む。
（注５）⑨３の状態（「物を壊したり衣類を破くことがほとんど毎日ある」）には「自分や他人を傷つけることがときどきある」状態を含む。
（注６）「⑫日常の意思決定」とは毎日の暮らしにおける活動に関して意思決定ができる能力をいう。
（注７）慣れ親しんだ日常生活に関する事項（見たいテレビ番組やその日の献立等）に関する意思決定はできるが、本人に関する重要な決定への合意等（ケアプランの作成への参加、治療方針への合意等）には、指示や支援を必要とすることをいう。

以上

各種証明書の提出を求めることは必要か？

A 各種証明書の提出は介護休業を取得するための社内手続きとして必須なものではありません。各種証明書の提出は求めず、介護休業申出書のみで介護休業を取得する要件を満たしているか判断することも考えられます。
一方で、雇用保険の介護休業給付金の支給申請をする際には、対象家族の氏名、従業員との続柄、性別、生年月日等が確認できる書類として住民票記載事項証明書等の添付が求められます（マイナンバーで一部省略が可能）。
介護休業の取得と介護休業給付金の支給申請は、異なる法令に基づくものですが、介護休業給付金の支給申請を予定する場合には、給付金申請のために必要な書類ということを従業員に説明して、介護休業の申出時に提出してもらうことが考えられます。介護休業給付金の詳細はchapter3を参照してください。

第４項［取扱通知書の交付義務］

第11条第4項

> 4　介護休業申出書が提出されたときは、会社は速やかに当該介護休業申出書を提出した者（以下この章において「申出者」という。）に対し、介護休業取扱通知書（社内様式２）を交付する。

介護休業の申出があったときには、会社はその申出に対し、書面等で従業員に通知をする義務があります。

必ず通知しなければならない事項は、「介護休業取扱通知書」（次ページ社内様式２）にある以下の３点です。

①会社が介護休業の申出を受けた旨
②介護休業開始予定日（会社が休業開始日を指定するときはその指定日）と介護休業終了予定日
③会社が介護休業の申出を拒む場合には、その旨と理由

②にある「会社が休業開始日を指定するときはその指定日」とは、介護休業の申出が法定の期限に間に合わなかったときの対応です。詳細は、第13条第２項（57ページ）の解説のとおりです。

介護休業取扱通知書の例

社内様式２

〔（出生時）育児・介護〕休業取扱通知書

大岩 治雄　殿

202X 年 6 月 4 日
会社名　**株式会社 田中商会**

あなたから 202X 年 6 月 1 日に〔（出生時）育児・介護〕休業の〔申出・期間変更の申出・申出の撤回〕がありました。育児・介護休業等規程（第３条、第４条、第５条、第７条、第８条、第９条、第11条、第12条及び第13条）に基づき、その取扱いを下記のとおり通知します（ただし、期間の変更の申出及び出生時育児休業中の就業日があった場合には下記の事項の若干の変更があり得ます。）。

記

1　休業の期間等	(1) 適正な申出がされていましたので申出どおり 202X 年 6 月 16 日から 202X 年 7 月 15 日まで（出生時育児・育児・介護）休業してください。職場復帰予定日は、202X 年 7 月 16 日です。 (2) 申し出た期日が遅かったので休業を開始する日を　　年　月　日にしてください。 (3) あなたは以下の理由により休業の対象者でないので休業することはできません。 〔　　〕 (4) あなたが　　年　月　日にした休業申出は撤回されました。 (5) （介護休業の場合のみ）申出に係る対象家族について介護休業ができる日数は通算93日です。今回の措置により、介護休業ができる残りの回数及び日数は、（ 2 ）回（ 63 ）日になります。
2　その他	(1) お子さんを養育しなくなる、家族を介護しなくなる等あなたの休業に重大な変更をもたらす事由が発生したときは、なるべくその日に　**総務**　部あて電話連絡をしてください。この場合の休業終了後の出勤日については、事由発生後２週間以内の日を会社と話し合って決定していただきます。 (2) 休業期間中についても会社の福利厚生施設を利用することができます。

厚生労働省が公開する社内様式例には努力義務となっている項目も盛り込まれています。対応できるのであれば、努力義務となっている項目も盛り込みたいものですが、自社の実情に合わせ削除や変更等して活用することが考えられます。

盛り込むときには、その内容が育児・介護休業規程や実際の取扱いと合致しているかを確認することが重要になります。

▶第12条（介護休業の申出の撤回等）

第１項［申出の撤回］

第12条第1項

> 1　申出者は、介護休業開始予定日の前日までは、介護休業申出撤回届（社内様式４）を人事部労務課に提出することにより、介護休業の申出を撤回することができる。

従業員が介護休業の取得の申出をしたとしても、その介護休業が始まるまでは理由を問わず、**申出の年月日と申出を撤回する旨を書面等で申し出ることにより、介護休業の申出の撤回ができます**（休業を取得せずに勤務し続けることになります）。これは、介護休業が始まるまでに家族の介護について諸事情の変化が考えられるからです。

ただし、撤回した後に、再度（再々度）同じ対象家族の介護休業の申出を行うときは、第３項（次ページ）にあるとおり一定の制限が生じることがあります。

介護休業の申出の撤回は、「介護休業申出撤回届」（次ページ社内様式４）により行います。

介護休業申出撤回届の例

社内様式４

〔（出生時）育児・介護〕休業申出撤回届

代表取締役
田中 英男　　殿

［申出日］ 202X 年 6 月 10 日
［申出者］所属 システム部
　　　　　氏名 大岩 治雄

私は、育児・介護休業規程（第４条、第８条及び第12条）に基づき、202X 年 6 月 1 日に行った〔（出生時）育児・介護〕休業の申出を撤回します。

※同日に複数期間申出している場合は、撤回する休業期間を記載すること。

第２項［取扱通知書の交付義務］

第12条第2項

> 2　介護休業申出撤回届が提出されたときは、会社は速やかに当該介護休業申出撤回届を提出した者に対し、介護休業取扱通知書（社内様式２）を交付する。

介護休業の申出の撤回があったときには、会社はその申出に対し書面等で取扱いを通知します。その通知書が「介護休業取扱通知書」（次ページ社内様式２）です。

第３項［再度の申出］

第12条第3項

> 3　同一対象家族について２回連続して介護休業の申出を撤回した者について、当該家族について再度の申出はすることができない。ただし、会社がこれを適当と認めた場合には、申し出ることができるものとする。

介護休業取扱通知書の例

社内様式２

〔（出生時）育児・介護〕休業取扱通知書

大岩 治雄　殿

202X 年 6 月 15 日
会社名　**株式会社 田中商会**

あなたから 202X 年 6 月 10 日に〔（出生時）育児・介護〕休業の〔申出・期間変更の申出・申出の撤回〕がありました。育児・介護休業規程（第３条、第４条、第５条、第７条、第８条、第９条、第11条、第12条及び第13条）に基づき、その取扱いを下記のとおり通知します（ただし、期間の変更の申出及び出生時育児休業中の就業日があった場合には下記の事項の若干の変更があり得ます。）。

記

１　休業の期間等	(1) 適正な申出がされていましたので申出どおり　　年　　月　　日から　　年　　月　　日まで（出生時育児・育児・介護）休業してください。職場復帰予定日は、　　年　　月　　日です。 (2) 申し出た期日が遅かったので休業を開始する日を　　年　　月　　日にしてください。 (3) あなたは以下の理由により休業の対象者でないので休業することはできません。 〔　　　　　　　　　　〕 (4) あなたが 202X 年 6 月 1 日にした休業申出は撤回されました。 (5) （介護休業の場合のみ）申出に係る対象家族について介護休業ができる日数は通算93日です。今回の措置により、介護休業ができる残りの回数及び日数は、（ 3 ）回（ 93 ）日になります。
２　その他	(1) お子さんを養育しなくなる、家族を介護しなくなる等あなたの休業に重大な変更をもたらす事由が発生したときは、なるべくその日に　　　　　課あて電話連絡をしてください。この場合の休業終了後の出勤日については、事由発生後２週間以内の日を会社と話し合って決定していただきます。 (2) 休業期間中についても会社の福利厚生施設を利用することができます。

介護休業の申出を撤回しても、従業員は介護休業の申出を再度することができますが、**２回連続して同じ対象家族に対する申出を撤回した場合には、会社はそれ以降の介護休業の申出を拒むことができます。**

具体的には、従業員が１回目の申出を撤回した後、２回目の申出により介護休業を取得すれば（実質的に１回目の介護休業の取得）、３回目の申出が可能です（下図参照）。

介護休業の申出撤回後における再度の申出

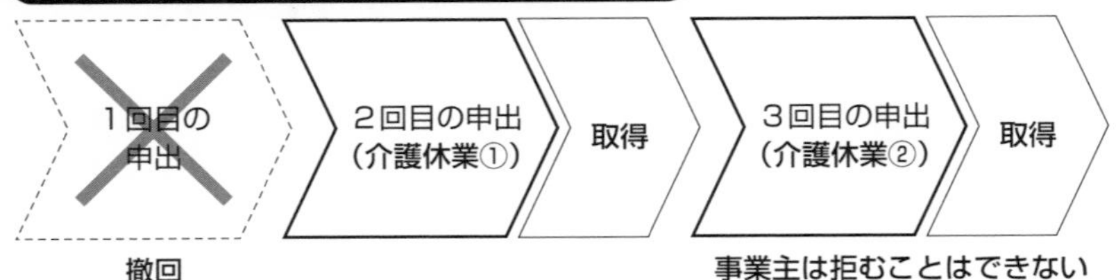

しかし、従業員が１回目に続き２回目の申出も撤回したときは、３回目以降の申出はできず、申出があったとしても会社はその申出を拒むことができます（下図参照）。

なお、連続２回の撤回があったとしても、３回目以降の申出を認めることは、法令を上回る対応となるため、問題ありません。

介護休業の連続２回の申出撤回

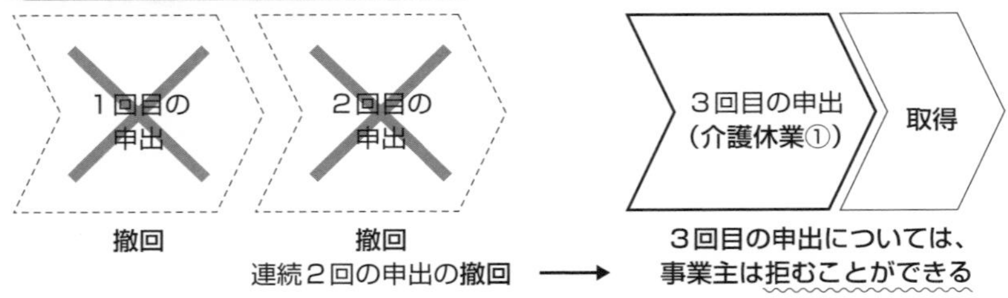

第４項［取得事由の消滅］

第12条第4項

> 4　介護休業開始予定日の前日までに、申出に係る家族の死亡等により申出者が家族を介護しないこととなった場合には、介護休業の申出はされなかったものとみなす。この場合において、申出者は、原則として当該事由が発生した日に、人事部労務課にその旨を通知しなければならない。

介護休業は対象家族の介護のための休業であるため、介護休業が始まる前に、以下の理由等で対象家族を介護しないこととなったときは、介護休業を取得できず、そもそも介護休業の申出がされなかったものとみなされます。

- 対象家族が亡くなった
- 離婚等により対象家族との親族関係が消滅した
- 従業員のケガや病気等により対象家族を介護できなくなった

これは第１項に規定する「撤回」とは異なり、従業員からの申出の有無にかかわらず、当然にみなされるものです。

そして、会社が介護休業の取得理由が消滅したことを把握するために、従業員は会社にその事実を通知する必要があります。育児・介護休業法では、さまざまな申出や通知を書面等で行うこととしていますが、この取得事由の消滅の通知方法について、書面等で行うこととは定められていません。書面で行うのであれば、社内様式21（次ページ）の「介護休業取得事由消滅届」（著者オリジナル）のような様式が考えられます。

介護休業取得事由消滅届の例

著者オリジナル様式

社内様式21

〔介護休業・介護のための所定外労働制限・介護のための時間外労働制限・介護のための深夜業制限〕
取得事由消滅届

代表取締役
田中 英男　　殿

［届出日］ 202X 年 6 月 9 日
［届出者］所属　システム部
　　　　　氏名　大岩 治雄

私は、 202X 年 6 月 1 日に行った〔介護休業の申出・介護のための所定外労働制限の請求・介護のための時間外労働の制限の請求・介護のための深夜業制限の請求〕において対象家族を介護する事由が消滅しましたので、育児・介護休業規程（第12条、第16条、第17条および第18条）に基づき、下記のとおり届け出ます。

記

1　対象家族（要介護状態の家族）の氏名
　　大岩 友也

2　消滅事由
- ☑ 対象家族の死亡
- ☐ 離婚、婚姻の取消、離縁等による対象家族との親族関係の消滅
- ☐ 届出者自身が負傷、疾病等により対象家族を介護できない状態になったこと

3　事由発生日
　　202X 年 6 月 8 日

以上

▶第13条（介護休業の期間等）

第１項［介護休業の期間］

第13条第1項

1　介護休業の期間は、対象家族１人につき、原則として、通算93日の範囲内で、介護休業申出書（社内様式６）に記載された期間とする。

介護休業の取得日数は対象家族１人につき通算して**93日まで**です。

第11条第２項（44ページ）にあるように、この93日を**最大３回に分けて取得することができます**。この際、介護の途中で対象家族の要介護状態が変わることも考えられますが、いずれにしてもその対象家族１人当たりで日数を通算することになっています。

育児・介護休業法で定める介護休業期間は対象家族１人につき上限93日ですが、長期にわたり家族を介護する必要が出てくることもあります。育児・介護休業法を上回る対応として、介護休業の期間を例えば１年（通算365日）とすることも当然問題ありません。

ただし、介護休業の取得に対して支給される、雇用保険の介護休業給付金の支給日数の上限は93日です。**93日を超える介護休業の制度とする場合には、93日を超えた日以降の従業員自身の収入の確保について、事前に想定する必要があります**。収入の確保は従業員自身の課題であるため無給とし、単純に介護休業を取得できる権利を認めると考えることもできますし、会社が有給の休業として扱うことも検討できます。有給の休業とするときには、代替人材の確保等に費用が必要になることもあり、会社の費用の負担はかなり増えることもあるため、慎重な判断が求められます。

他社で介護休業を取った従業員が転職後の会社でも介護休業を取得できるか？

A 同じ対象家族に対する介護休業を、転職後の会社でも取得できます。
例えば、A社で実父の介護休業を93日取得したうえでB社へ転職し、B社で再び実父の介護休業を取得することもできます。
転職前の会社で介護休業を取得した日数は、転職後の会社における介護休業の日数に通算しません。ただし、雇用保険の介護休業給付金においては、転職前後の取得日数（給付金が支給された日数）を通算する扱いとなります。

また、介護休業を取得できる回数も同様に、法令を上回る対応として4回以上に分けて取得できるようにすることも考えられますが、4回目以降の日数は、たとえ同じ対象家族に対する介護休業が通算93日以内の日数であっても、介護休業給付金の支給対象にはなりません。

従業員に理解を促す規定の方法としては、当初から93日を超える日数や4回以上の回数を定めるのではなく、「3回まで通算93日の申出」を基本としつつ、この回数や日数を超えた従業員については、育児・介護休業法を上回る期間や回数の介護休業の申出ができるようにすることで、どこまでが法令上のもので、どこからが法令を上回るものかを明確にしておくことが考えられます。

93日の介護休業期間は短くないのか？

介護休業を対象家族の「看取り」までの期間と考えると短いのかもしれません。

chapter 1でも書いたとおり、介護休業は、従業員が自ら介護に専念するために取得することが想定されているものではなく、介護を必要とする家族を介護する（支える）体制を構築するために取得することが想定された制度です。

そのため、介護休業期間は、介護サービスを受けるための準備期間として捉え、家族の介護をしながら仕事を継続できる体制を整えるものとして考えられています。ただし、介護サービスを利用するか否かは、従業員やその家族の判断に基づきます。必ず利用しなければならないものではありませんし、自分自身が介護に専念してもよいものです。なお、介護サービスの利用は、市区町村、地域包括支援センターが相談に応じています。

第２項［介護休業開始日の指定］

第13条第２項

> ２　本条第１項にかかわらず、会社は、育児・介護休業法の定めるところにより介護休業開始予定日の指定を行うことができる。

従業員が希望の日から介護休業を取得するためには、「介護休業を開始しようとする日の２週間前」までに会社に申し出ることが必要です。これより遅れた場合、会社は一定の範囲で休業を開始する日を指定することができます。指定することのできる日は、従業員が介護休業を開始しようとする日以後、申出の日の翌日から起算して２週間を経過する日までの間のいずれかの日です（下図参照）。

介護休業の申出と会社の開始日の指定の例

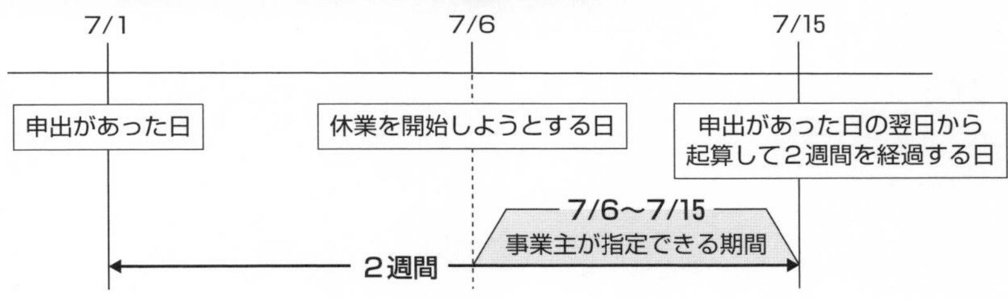

対象家族の加齢に伴う介護休業の取得は、予見できる場合もありますが、対象家族がケガや傷病のために要介護状態になったときには、突然、従業員から介護休業の申出がされることもあります。

突発的な開始日が迫った申出に対して、会社は従業員の希望どおり（申出どおり）の開始日とすることもできますが、休業する従業員が担当していた業務の調整や引継ぎも出てくると思われます。実務としては、従業員に対象家族の状況やほかに介護を担う人の有無等を確認し、従業員とともに介護休業の開始日や介護休業以外の制度の利用を考え、調整することも必要になります。

第３項［介護休業期間の変更］

第13条第3項

> 3　従業員は、介護休業期間変更申出書（社内様式5）により、介護休業を終了しようとする日（以下「介護休業終了予定日」という。）の2週間前までに人事部労務課に申し出ることにより、介護休業終了予定日の繰下げ変更を行うことができる。
>
> この場合において、介護休業開始予定日から変更後の介護休業終了予定日までの期間は通算93日の範囲を超えないことを原則とする。

従業員は、申し出た期間について介護休業を取得することになります。ただし、従業員が**介護休業終了予定日の２週間前までに申し出ることにより、介護休業１回につき１回、理由を問わず、介護休業終了予定日を繰り下げることができます**（下図参照）。

介護休業終了予定日の繰下げの申出の例

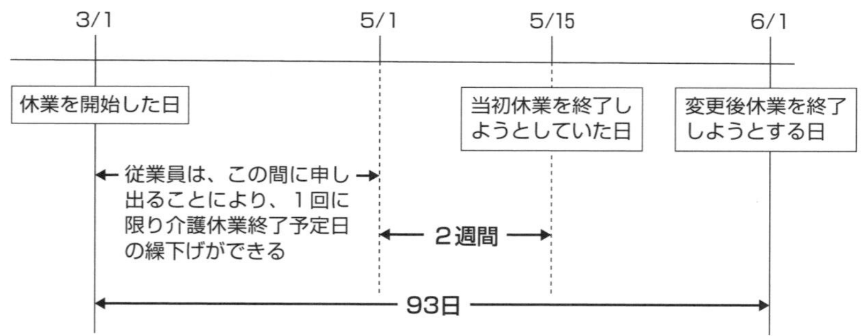

繰下げにより介護休業の期間は延びることになりますが、介護休業は対象家族１人につき93日が上限であるため、通算93日を超えて繰下げすることはできません。申出は「介護休業期間変更申出書」（社内様式５）で行います。

介護休業期間変更申出書の例

社内様式5

〔（出生時）育児・介護〕休業期間変更申出書

代表取締役
田中 英男　殿

［申出日］ 202X 年 7 月 1 日
［申出者］所属 **システム部**
氏名 **大岩 治雄**

私は、育児・介護休業規程（第5条、第9条及び第13条）に基づき、202X 年 6 月 1 日に行った〔（出生時）育児・介護〕休業の申出における休業期間を下記のとおり変更します。

記

1　当初の申出における休業期間	202X 年 6 月 16 日から 202X 年 7 月 15 日まで
2　当初の申出に対する会社の対応	休業開始予定日の指定 ・　有　→　指定後の休業開始予定日 年　月　日 ・　無
3　変更の内容	(1)　休業〔開始・終了〕予定日の変更 (2)　変更後の休業〔開始・終了〕予定日 202X 年 7 月 31 日
4　変更の理由 （休業開始予定日の変更の場合のみ）	

（注）1歳6か月まで及び2歳までの育児休業及び介護休業に関しては休業開始予定日の変更はできません。

介護休業の期間は次ページの表のとおり、育児・介護休業法では**終了予定日の繰下げのみを認めています**。そのため、仮に従業員から開始予定日の変更や、終了予定日の繰上げの希望があった場合に、会社がそれを認めるかは事前に検討しておく必要があるでしょう。
これらについて柔軟な対応を想定するのであれば、「従業員が希望し、会社が認めた場合には開始予定日の繰上げ・繰下げ、終了予定日の繰上げを行うことがある」と規定することが考えられます。

介護休業期間の変更

開始予定日	育児・介護休業法上の取扱い	申出期間
繰上げ	規定なし（できない）	—
繰下げ	規定なし（できない）	—

終了予定日	育児・介護休業法上の取扱い	申出期間
繰上げ	規定なし（できない）	—
繰下げ	通算93日の範囲内で行う	2週間前までの申出

介護休業の途中に対象家族が要介護状態ではなくなったら介護休業はどうなる？

A 当初の介護休業終了予定日までは介護休業となります。
対象家族が介護を必要とする状況は、時間の経過により変化し、要介護状態ではなくなったりすることがあります。介護休業は要介護状態の家族を介護すること等を目的とした休業ですが、介護休業が終了する理由に、介護休業の途中で要介護状態ではなくなったことは含まれていません。
これは、対象家族が再び要介護状態となることも予想されることがあるといった理由からです。

第４項［介護休業期間の変更の通知］

第13条第4項

> ４　介護休業期間変更申出書が提出されたときは、会社は速やかに当該介護休業期間変更申出書を提出した者に対し、介護休業取扱通知書（社内様式２）を交付する。

従業員から介護休業終了予定日を繰り下げる申出があったときには、会社は変更の申出を受けたことを「介護休業取扱通知書」（次ページ社内様式２）により通知します。以下の２つは通知が必要な項目です。

> ①介護休業期間変更の申出を受けた旨
> ②介護休業開始日および終了予定日

従業員以外の家族が介護を担えるときでも介護休業は取れる？

他の家族が対象家族の介護を担っているときであっても、介護休業は取得できます。

例えば自分の親の介護について、配偶者や兄弟が対象家族の介護を担うことができ、また、実際に介護を担っていても介護休業は取得できます。また、従業員が取得している介護休業の途中で、配偶者や兄弟が介護できる状況となった場合についても、介護休業が終了となる理由にはなりません。

介護休業取扱通知書の例

社内様式２

〔（出生時）育児・介護〕休業取扱通知書

大岩　治雄　殿

202X 年 7 月 3 日
会社名　**株式会社 田中商会**

あなたから 202X 年 7 月 1 日に〔（出生時）育児・介護〕休業の〔申出・期間変更の申出・申出の撤回〕がありました。育児・介護休業規程（第３条、第４条、第５条、第７条、第８条、第９条、第11条、第12条及び第13条）に基づき、その取扱いを下記のとおり通知します（ただし、期間の変更の申出及び出生時育児休業中の就業日があった場合には下記の事項の若干の変更があり得ます。）。

記

1　休業の期間等	⑴　適正な申出がされていましたので申出どおり 202X 年 6 月 16 日から 202X 年 7 月 31 日まで（出生時育児・育児・介護）休業してください。職場復帰予定日は、202X 年 8 月 1 日です。 ⑵　申し出た期日が遅かったので休業を開始する日を　　　年　　月　　日にしてください。 ⑶　あなたは以下の理由により休業の対象者でないので休業することはできません。 〔　　　　　　　　　　　　　　〕 ⑷　あなたが　　　年　　月　　日にした休業申出は撤回されました。 ⑸　（介護休業の場合のみ）申出に係る対象家族について介護休業ができる日数は通算93日です。今回の措置により、介護休業ができる残りの回数及び日数は、（ 2 ）回（ 47 ）日になります。
2　その他	⑴　お子さんを養育しなくなる、家族を介護しなくなる等あなたの休業に重大な変更をもたらす事由が発生したときは、なるべくその日に　**総務部**　あて電話連絡をしてください。この場合の休業終了後の出勤日については、事由発生後２週間以内の日を会社と話し合って決定していただきます。 ⑵　休業期間中についても会社の福利厚生施設を利用することができます。

第５項［介護休業の終了］

第13条第5項

> 5　次の各号に掲げるいずれかの事由が生じた場合には、介護休業は終了するものとし、当該介護休業の終了日は当該各号に掲げる日とする。
> ⑴　家族の死亡等介護休業に係る家族を介護しないこととなった場合
> 　当該事由が発生した日（なお、この場合において本人が出勤する日は、事由発生の日から２週間以内であって、会社と本人が話し合いの上決定した日とする。）
> ⑵　申出者について、産前・産後休業、育児休業、出生時育児休業又は新たな介護休業が始まった場合
> 　産前・産後休業、育児休業、出生時育児休業又は新たな介護休業の開始日の前日

介護休業は当初の期間（変更した場合は変更後の期間）が経過したときには当然、終了します。

また、介護休業の期間中であっても、以下の理由等で対象家族を介護しないこととなったときには、終了します。

- 対象家族が亡くなった
- 離婚等により対象家族との親族関係が消滅した
- 従業員のケガや病気等により対象家族を介護できなくなった

このほか、介護休業と産前産後休業や育児休業等を同時に取得することはできないため、このような休業を取得するときにも、介護休業は終了します。

第６項［介護休業終了の通知］

第13条第6項

> ６　本条第５項第１号の事由が生じた場合には、申出者は原則として当該事由が生じた日に人事部労務課にその旨を通知しなければならない。

介護休業期間中に対象家族が亡くなったとき等、対象家族を介護する理由がなくなったときは、従業員は会社にその事実を通知する

介護休業の途中で対象家族を看取ったときにはいつから勤務となる？

会社と従業員とで個別に調整して、勤務する日を決めることになります。

介護休業の対象家族が休業期間中に亡くなった場合には、休業期間中であってもその休業は終了になります。
そのため、本来であれば、終了日の翌日から復帰する（労務提供の義務が生じる）ことになりますが、会社が終了日の翌日から勤務を求めるのか、第13条第５項第２号にあるようにある程度の期間の猶予を設けて勤務日を調整できるようにするかは、会社と従業員の話し合いに委ねられています。

会社と従業員の話し合いにより勤務日を決めたときには、介護休業の終了日の翌日から勤務する日の前日までの期間の給与の扱いが問題になりますが、その期間について無給の休業として扱うことは差し支えありません。
ただし、従業員との話し合い（合意）による取決め等がない日に従業員を休業させる場合には、労働基準法第26条に基づく休業手当の支払いが必要となる場合もあります。会社と従業員の話し合いの際には、給与の取扱いについても認識を合わせておく必要があります。

さらに、会社によっては家族が亡くなったときに、特別休暇が取得できるようにしていることもあります。この特別休暇の扱いも含めて、勤務日を決める必要があるでしょう。

なお、対象家族が亡くなったことにより介護休業が終了した場合の介護休業給付金は、亡くなった日が休業終了日となります。ある程度の期間を設けて勤務日を調整した場合、亡くなった日から勤務日の前日までの期間は給付金の支給対象とならないことも従業員に伝えておくことが望まれます。

ことになっています。

この介護休業終了事由の通知の方法について、書面等で行うことは定められていません。書面で行うのであれば、社内様式22（次ページ）の「介護休業終了届」（著者オリジナル）のような様式が考えられます。

介護休業中に他社でアルバイトすることを認める必要はある？

基本的に他社での勤務は認める必要はありません。

介護休業中の従業員について、一時的に対象家族の介護をする必要がなくなった期間があれば、会社と従業員が話し合いのうえ、一時的・臨時的に自社で勤務することが考えられます。
自社で介護休業中に勤務することは、本来は介護休業が終了する（復帰する）ことにもなりますが、会社と従業員が介護休業を終了するという合意をせずに一時的・臨時的に勤務するのであれば、介護休業が一時的に中断したと考えることができ、当初の介護休業期間の範囲内で介護休業を再開することも可能だと考えられます。

自社で勤務する以外にも、介護休業中に他社で勤務することも考えられます。
他社で勤務することが、法令で禁止されているわけではありません。
ただし、行政通達では介護休業が対象家族の介護をするための休業であることから、他社で勤務することは介護休業の趣旨と合わないと示されています。
特に、会社への届出等を行わずに勤務する場合等は、一般的に会社と従業員の間にある「信義則」に反するものと考えられます。その状況によっては、他社で勤務したことを理由として、従業員を懲戒処分とすることもあり得るでしょう。

そのような問題が起こらないように、他社での勤務も含め、介護休業中の勤務について、会社と従業員が認識を合わせておく必要があります。
特に近年は副業・兼業が推進されており、在宅勤務制度を整えている会社も増えており、家族の介護をしながら在宅勤務をすることも考えられす。介護休業中でも家族の介護をしていない時間に収入を確保したいという思いから、介護休業中に勤務することを希望する従業員は一定数いることが想定されます。

様式内には「職場復帰希望日」の欄を設けていますが、介護する理由がなくなった後すぐに職場復帰ができないケースもあることを踏まえたうえでの項目であり、特段、育児・介護休業法に定められたものではありません。

介護休業終了届の例

著者オリジナル様式

社内様式22

〔介護休業・介護のための所定外労働制限・介護のための時間外労働制限・介護のための深夜業制限〕終了届

代表取締役
田中 英男　　殿

［届出日］202X　年　6　月 25　日
［届出者］所属　**システム部**
氏名　**大岩 治雄**

私は、202X　年　6　月　1　日に行った〔介護休業の申出・介護のための所定外労働制限の請求・介護のための時間外労働制限の請求・介護のための深夜業制限の請求〕において対象家族を介護する事由が消滅しましたので、育児・介護休業規程（第13条、第16条、第17条および第18条）に基づき、下記のとおり届け出ます。

記

1　対象家族（要介護状態の家族）の氏名
大岩 友也

2　消滅事由
☑　対象家族の死亡
☐　離婚、婚姻の取消、離縁等による対象家族との親族関係の消滅
☐　届出者自身が負傷、疾病等により対象家族を介護できない状態になったこと

3　事由発生日
202X　年　6　月 23　日

4　職場復帰希望日（介護休業の場合のみ記載）
202X　年　7　月　1　日

以上

第4章　子の看護休暇

第４章（第14条）は、育児に関することであるため、本書では解説および社内様式の掲載は行いません。

第5章　介護休暇

▶第15条（介護休暇）

第１項［介護休暇の制度と対象者］

第15条第1項

> 1　要介護状態にある家族の介護その他の世話をする従業員（日雇従業員を除く）は、就業規則第◯条に規定する年次有給休暇とは別に、当該家族が１人の場合は１年間につき５日、２人以上の場合は１年間につき10日を限度として、介護休暇を取得することができる。この場合の１年間とは、４月１日から翌年３月31日までの期間とする。ただし、事業主は労使協定によって除外された次の従業員からの介護休暇の申出は拒むことができる。
> 一　入社６か月未満の従業員
> 二　１週間の所定労働日数が２日以下の従業員

介護休暇は、要介護状態の家族の介護や、その他の世話をするために、従業員が会社に申し出たときに取得できる休暇のことです。

原則として、日雇従業員を除く全従業員が取得できますが、労使協定の締結により、入社６か月未満の従業員や１週間の所定労働日数が２日以下の従業員からの申出を拒むことができます（実質的には取得できないことになります）。

なお、規定例の解説には「入社６か月未満の従業員が一定の日数を取得できるようにする例」も示されていることから、より対象者の範囲を広くするときには参照するとよいでしょう。

取得できる日数は、対象家族が１人の場合は１年間につき５日、

2人以上の場合は1年間につき10日です。2人以上の場合の10日とは、1人の対象家族につき5日取得できるという考え方ではないため、対象家族1人の介護その他の世話のために10日を申し出る（取得する）としても差し支えありません。

ここでいう**「1年間」は会社が任意で決定**することができ、条文のように「4月1日から翌年3月31日まで」とすることのほか、例えば「1月1日から12月31日まで」とすることも可能です。年次有給休暇を付与する日（基準日）を1年に1回に統一している会社で

残りの契約期間が6か月間の有期契約従業員が取得できる介護休暇の日数は？

A 有期契約労働者であっても、原則として介護休暇が取得でき、また、例え労働契約の残りの期間が短くても、介護休暇における1年間が始まったときには、5日または10日の介護休暇を取得する権利があります。例えば、残りの契約期間が6か月だからということで、介護休暇を2.5日分しか取得できないとすることは、育児・介護休業法の定めを下回り違法となります。

なお、残りの契約期間が6か月間で、契約更新がされた場合には、有期契約が継続している限り、新たに5日または10日の介護休暇を取得できるわけではありません。契約が続いているので、あくまでも1年間に5日または10日となります。

有期契約労働者の契約期間と介護休暇が取得できる日数

は、介護休暇の１年間の初日と基準日を合わせることも考えられます。

年次有給休暇は、付与され取得しなかった日数を翌年度に限り繰り越すことができますが、介護休暇はそのような繰り越しの考え方はなく、**取得しなかった日数は、その年が終了すると当然に取得する権利が消滅**します。

☞ 36ページから37ページの労使協定例をチェック

第２項［取得単位］

第15条第２項

> ２　介護休暇は、時間単位で始業時刻から連続又は終業時刻まで連続して取得することができる。

介護休暇は従業員の選択により**１日単位で取得できるほか、時間単位でも取得できる**ことになっています。時間単位での取得とは、１時間の整数倍（１時間、２時間、３時間等）の時間での取得をいい、従業員が申し出た時間数について、取得できることになります。

ただし、始業時刻から連続する時間または終業時刻まで連続する時間が対象になるため、**労働時間の途中に時間単位の介護休暇を取得するいわゆる「中抜け」が認められているものではありません。**法令を上回る対応として、中抜けを認めるときの条文は「始業時刻から連続又は終業時刻まで連続して」を削除することになります。

労使協定の締結により、業務の性質または業務の実施体制に照らして時間単位で介護休暇を取得することが困難と認められる業務を行う従業員は、時間単位での取得を認めず、１日単位のみの取得に限定することができます。本書の条文は規定例に合わせていることから、この記載は行っていませんが、労使協定例では示していますので、対応するときは参考にしてください。

☞ 36ページから37ページの労使協定例をチェック

介護休暇を30分単位で取得するようにしてもよいか？

介護休暇は原則として時間単位で取得できるものですが、1時間未満の単位とすることも育児・介護休業法を上回る措置として認められています。この対応により、例えば、「介護が必要な家族の送迎のために30分早く帰りたい」という従業員の要望に寄り添った対応ができることになります。

介護休暇の取得単位の変更

2020年12月31日までは、子の看護休暇・介護休暇は時間単位ではなく、半日単位で取得できる制度の導入の義務でした。また、「1日の所定労働時間が4時間以下の労働者」は半日単位での取得はできないことになっていました。

育児・介護休業規程に、1日の所定労働時間が4時間以下の労働者について、介護休暇を「半日単位で取得できない」や「時間単位で取得できない」といった規定が残っているときには削除が必要です。

1日の所定労働時間が違うときの1日や時間の考え方

1日の所定労働時間数に1時間に満たない端数があるときは、時間単位で取得する介護休暇1日の時間数について、端数を1時間単位に切り上げて考えます（例：1日の所定労働時間数が7時間30分の場合、「8時間」分の休暇で1日分）。

ただし、介護休暇を時間単位ではなく1日単位で取得したときは、7時間30分で1日と考えることとなり、また、介護休暇を30分単位で取得できるときは、端数を1時間単位に切り上げる必要はなく、「7時間30分」分を1日として考えることができます。

日によって所定労働時間数が異なる場合には、1年間における1日の平均所定労働時間数（1年間における総所定労働時間数が決まっていない場合には、所定労働時間数が決まっている期間における1日平均所定労働時間数）を1日の所定労働時間数と考えます。

第３項［申出方法］

第15条第３項

３　取得しようとする者は、原則として、介護休暇申出書（社内様式７）を事前に人事部労務課に申し出るものとする。

法令では介護休暇を取得する際には、従業員が以下の項目について申し出ることになっています。

①従業員の氏名 ②対象家族の氏名および従業員との続柄 ③介護休暇を取得する年月日（時間単位の場合は開始時刻および終了時刻） ④対象家族が要介護状態にある事実

書面等で申出する義務はなく、口頭で申し出ることも可能です。**書面等での申出を求めるときは、条文にあるように申出書の様式等を定め、あらかじめ書面等で申し出ることを明らかにしておきます。**

介護休暇の主旨を考慮すると、介護休暇を取得する当日に電話により介護休暇の申出をした場合であっても、会社は拒むことができないと行政通達で示されています。条文では「介護休暇申出書」（次ページ社内様式７）により事前に申し出ることになっていますが、社内様式７の（注１）にあるように、**当日の電話等での取得に係る申出は、出勤後すみやかに申出書を提出するといった運用も条文に加えることが考えられます。**

介護休暇申出書の例

社内様式７

〔子の看護休暇・介護休暇〕申出書

代表取締役
田中 英男　　　殿

［申出日］ 202X 年 5 月 10 日
［申出者］所属 **システム部**
氏名 **大岩 治雄**

私は、育児・介護休業規程（第14条及び第15条）に基づき、下記のとおり〔子の看護休暇・介護休暇〕の申出をします。

記

		〔子の看護休暇〕	〔介護休暇〕
1　申出に係る家族の状況	⑴　氏名		**大岩 友也**
	⑵　生年月日		
	⑶　本人との続柄		**父**
	⑷　養子の場合、縁組成立の年月日		
	⑸　⑴の子が、特別養子縁組の監護期間中の子・養子縁組里親に委託されている子・養育里親として委託された子の場合、その手続きが完了した年月日		
	⑹　介護を必要とする理由		**歩行や衣類の着脱、薬の内服で介助が必要**
2　申出理由	**要介護認定の申請手続きのため**		
3　取得する日	202X 年 5 月 20 日　時　分から 202X 年 5 月 20 日　時　分まで		
4　備考	202X 年 3 月 16 日～ 202Y 年 3 月 15 日（1年度）の期間において 育児　対象　人　日　　介護　対象 1 人 5 日 （取得済日数・時間数　日　時間）（取得済日数・時間数 0 日 0 時間） （今回申出日数・時間数　日　時間）（今回申出日数・時間数 1 日 0 時間） （残日数・残時間数　日　時間）（残日数・残時間数 4 日 0 時間）		

（注１）当日、電話などで申し出た場合は、出勤後すみやかに提出してください。
　３については、複数の日を一括して申し出る場合には、申し出る日をすべて記入してください。
（注２）子の看護休暇の場合、取得できる日数は、小学校就学前の子が１人の場合は年５日、２人以上の場合は年10日となります。時間単位で取得できます。
　介護休暇の場合、取得できる日数は、対象となる家族が１人の場合は年５日、２人以上の場合は年10日となります。時間単位で取得できます。

第４項［給与の取扱い］

第15条第4項

> 4　本制度の適用を受ける間の給与については、別途定める給与規定に基づく労務提供のなかった時間分に相当する額を控除した額を支給する。

介護休暇を取得した日や時間について、有給とするか無給とするかは、会社が決めることができます。あらかじめ給与の取扱いを決定し、育児・介護休業規程や賃金規程で明らかにしておくことが必要です。**無給にする場合の対象は、介護休暇の取得により、働かなかった日や時間に対するものであるため、この日や時間を超えて給与を減らすことは不利益な取扱いに該当**します。

本当に家族の介護等のために休暇を取得したか確認してもよいか？

A　介護休暇は、育児・介護休業法で利用目的が定められた休暇であるため、従業員に具体的な利用目的を聞くことや、従業員に証明書の提出を求めることで利用目的を確認することができます。

ただし、証明書の提出を求めるときは、従業員に過大な負担がかからないように配慮することが必要です。証明書は第11条第３項（45ページ参照）の介護休業と同様のものが想定されています。

介護休暇の場合、要介護状態の証明書の提出は求めることができても、介護休暇を取得した当日に家族の介護その他の世話をしたことの客観的な証明書を提出することは難しいかもしれません。
証明書の提出までは求めずに、「母親の病院に付き添いに行く」「父親が介護施設に入居するために送る」といった具体的な内容を、従業員自身に申し出てもらうことにとどめるのも一案かもしれません。

第５項［賞与の取扱い］

第15条第5項

> ５　賞与については、その算定対象期間に本制度の適用を受ける期間がある場合においては、労務提供のなかった時間に対応する賞与は支給しない。

第４項の給与と同様に、**介護休暇を取得した日数や時間について、賞与の算定対象としなくても問題ありません。**ただし、取得日数や時間数を超えて賞与の算定対象にしないことは不利益な取扱いに該当します。

第６項［昇給・退職金の取扱い］

第15条第6項

> ６　定期昇給及び退職金の算定に当たっては、本制度の適用を受ける期間を通常の勤務をしているものとみなす。

介護休暇を取得した日数や時間数について、昇給や退職金の算定対象としなくても問題ありません。ただし、取得により不利益な取扱いをすることは禁止されています。

介護休暇が時間単位で取得できるため、昇給や退職金の制度によっては、それを管理し昇給や退職金の計算から除くことは、かなり煩雑になるでしょう。取得できる事由や日数が限定的であることを考えると、条文にあるように通常の勤務をしているものとみなすことで、管理の手間を軽減することが考えられます。

介護休暇が無給なら欠勤と同じ？

A 介護休暇と欠勤は労働契約上で大きな意味の違いがあります。介護休暇は無給とする会社が多いことから「無給であれば休暇の存在意義がないのではないか」という声を耳にすることがあります。本来、従業員は所定労働日に労務の提供をすることが労働契約上の義務であり、理由はどうであれ、所定労働日に欠勤をする（労務の提供をしない）場合には、労働契約に違反していることになります。
介護休暇は取得できる要件を満たしたときに、従業員が申し出ることで労務の提供が免除されるものであり、労働契約の違反ではありません。また、取得したことによる不利益な取扱いが禁止されています。
このような観点から、欠勤と介護休暇には大きな違いがあります。

第6章　所定外労働の制限 ※育児を除き解説

▶第16条（育児・介護のための所定外労働の制限）

第1項［所定外労働の制限の制度］

第16条第1項

> 1　3歳に満たない子を養育する従業員（日雇従業員を除く）が当該子を養育するため、又は要介護状態にある家族を介護する従業員（日雇従業員を除く）が当該家族を介護するために請求した場合には、事業の正常な運営に支障がある場合を除き、所定労働時間を超えて労働をさせることはない。

通常、労働契約ではあらかじめ所定労働時間（労働契約や就業規則等における労働時間）が定められており、従業員はその契約に沿って所定労働時間、働く必要（労務を提供する義務）があります。さらに、会社が適正な手続きを取り指示をしたときには、所定労働時間を超える時間（所定外）についても働くことが求められます（いわゆる「残業」）。

ただし、要介護状態の家族を介護する従業員が請求したときは、会社は**事業の正常な運営に支障がある場合を除き、所定労働時間を超えて働かせることができません。**

ここでの労働時間は「所定労働時間」であり、労働基準法で定められている原則1日8時間・1週40時間である「法定労働時間」ではありません。したがって、法定労働時間を超える時間（下図Ⓑの部分）はもちろん、所定労働時間が法定労働時間より短い場合には、所定労働時間から法定労働時間までの時間（下図Ⓐの部分）も働かせることができません。

所定外労働の制限で制限対象となる時間（1日）の例

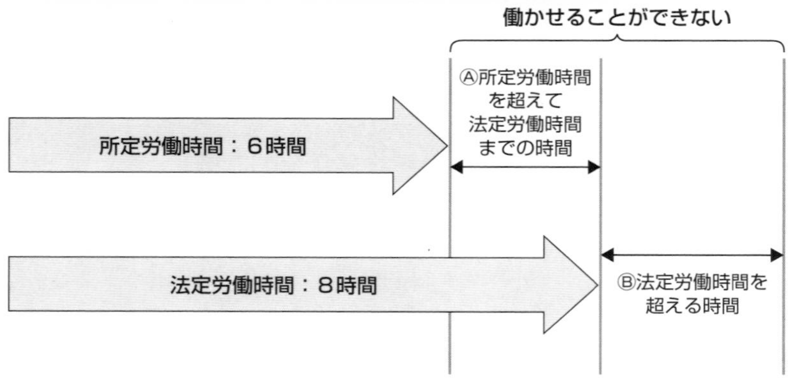

「事業の正常な運営に支障がある場合」とは、単純に「残業が必要」という程度の理由では認められず、代わりの人を配置するなどの、請求をしている従業員が所定外労働をしなくてもよいために、通常考えられる相当の努力を会社がしたにもかかわらず、会社運営に必要な体制を維持することが著しく困難な場合であるとされています。

第２項［対象者］

第16条第2項

> ２　本条第１項にかかわらず、労使協定によって除外された次の従業員からの所定外労働の制限の請求は拒むことができる。
> (1)　入社１年未満の従業員
> (2)　１週間の所定労働日数が２日以下の従業員

所定外労働の制限の請求ができる従業員は、日雇従業員を除く全従業員です。ただし、**労使協定の締結により、入社１年未満の従業員や１週間の所定労働日数が２日以下の従業員からの請求があった際、その請求を拒むことができます**（実質的には制度を利用できないことになります）。

☞ **36ページから37ページの労使協定例をチェック**

第３項［請求方法］

第16条第3項

> ３　請求をしようとする者は、１回につき、１か月以上１年以内の期間（以下この条において「制限期間」という。）について、制限を開始しようとする日（以下この条において「制限開始予定日」という。）及び制限を終了しようとする日を明らかにして、原則として、制限開始予定日の１か月前までに、育児・介護のための所定外労働制限請求書（社内様式８）を人事部労務課に提出するものとする。この場合において、制限期間は、次条第３項に規定する制限期間と重複しないようにしなければならない。

従業員が希望する日から所定外労働の制限の制度を利用するためには、**制限開始予定日の１か月前までに請求をすることになっており、制限開始予定日の１か月前より後に請求があったときには、会社は従業員が請求した開始予定日からの制度の利用を認めなくてよい**とされています。この「１か月前」を、従業員にとって有利な取扱いである「２週間前」等と短く変更することはできますが、「２

か月前」等とすることはできません。

従業員がこの請求をする際は、「介護のための所定外労働制限請求書」（次ページ社内様式８）のような、書面等で行うことが必要です。書面等には以下の項目を記載する必要があります。

①請求年月日
②従業員の氏名
③対象家族の氏名および従業員との続柄
④対象家族が要介護状態にあること
⑤制限を開始しようとする日および制限を終了しようとする日

要介護状態の家族を介護している間は、上限なく介護が終了するまでの期間について利用できます。そのため、１回につき１か月以上１年以内の期間を指定して請求することが必要なものの、請求の回数に上限はありません。

なお、第16条の所定外労働の制限と、第17条の時間外労働の制限（84ページ以降参照）を同じ期間に請求することは、整合性が取れないためできません。ちなみに、第20条の介護のための所定労働時間の短縮措置等（104ページ以降参照）とは同じ期間での請求ができます。

第４項［証明書の提出］

第16条第4項

４　会社は、所定外労働制限請求書を受け取るに当たり、必要最小限度の各種証明書の提出を求めることがある。

所定外労働の制限は、要介護状態の家族を介護する従業員が請求できるものであり、**会社は従業員が制度を利用できる対象者であるかを確認するために、証明書の提出を求めることができます。**

証明書は第11条第３項（45ページ）と同様であり、従業員の負担の少ないものを求めるべきとされています。

介護のための所定外労働制限請求書の例

社内様式８

〔育児・(介護)〕のための所定外労働制限請求書

代表取締役
田中 英男　　殿

［請求日］ 202X 年 6 月 16 日
［請求者］所属 システム部
　　　　　氏名 大岩 治雄

私は、育児・介護休業規程（第16条）に基づき、下記のとおり〔育児(・介護)〕のための所定外労働の制限を請求します。

記

		〔育児〕	〔介護〕
1 請求に係る家族の状況	(1) 氏名		大岩 友也
	(2) 生年月日		
	(3) 本人との続柄		父
	(4) 養子の場合、縁組成立の年月日		
	(5) (1)の子が、特別養子縁組の監護期間中の子・養子縁組里親に委託されている子・養育里親として委託された子の場合、その手続きが完了した年月日		
	(6) 介護を必要とする理由		歩行や衣類の着脱、薬の内服で介助が必要
2 育児の場合、1の子が生まれていない場合の出産予定者の状況	(1) 氏名 (2) 出産予定日 (3) 本人との続柄		
3 制限の期間	202X 年 8 月 1 日から 202X 年 12 月 31 日まで		
4 請求に係る状況	制限開始予定日の１か月前に請求をして (いる)・いない → 請求が遅れた理由 〔　　　　〕		

第５項［出生の報告義務］

第16条第5項

> 5　請求の日後に請求に係る子が出生したときは、所定外労働制限請求書を提出した者（以下この条において「請求者」という。）は、出生後２週間以内に人事部労務課に所定外労働制限対象児出生届（社内様式３）を提出しなければならない。

第５項は、育児に関することであるため、本書での解説および社内様式の掲載は行いません。

第６項［制度利用の理由の消滅］

第16条第6項

> 6　制限開始予定日の前日までに、請求に係る子又は家族の死亡等により請求者が子を養育又は家族を介護しないこととなった場合には、請求されなかったものとみなす。この場合において、請求者は、原則として当該事由が発生した日に、人事部労務課にその旨を通知しなければならない。

従業員が請求し、利用する前までに対象家族が亡くなった等、所定外労働の制限の制度を利用する理由がなくなったときは制度を利用できず、そもそも制度を利用する請求がなかったものとみなされます。

介護のための所定外労働制限取得事由消滅届の例

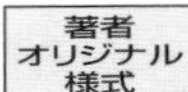

社内様式21

〔介護休業・介護のための所定外労働制限・介護のための時間外労働制限・介護のための深夜業制限〕取得事由消滅届

代表取締役
田中 英男　　殿

［届出日］202X　年 7 月 31 日
［届出者］所属　システム部
　　　　　氏名　大岩 治雄

私は、202X　年 6 月 16 日に行った〔介護休業の申出・介護のための所定外労働制限の請求・介護のための時間外労働制限の請求・介護のための深夜業制限の請求〕において対象家族を介護する事由が消滅しましたので、育児・介護休業規程（第12条、第16条、第17条および第18条）に基づき、下記のとおり届け出ます。

記

1　対象家族（要介護状態の家族）の氏名
　　大岩 友也

2　消滅事由
　☑　対象家族の死亡
　☐　離婚、婚姻の取消、離縁等による対象家族との親族関係の消滅
　☐　届出者自身が負傷、疾病等により対象家族を介護できない状態になったこと

3　事由発生日
　　202X　年 7 月 23 日

以上

制度を利用する理由がなくなった（対象家族を介護しなくなった）ときには、**従業員は会社にその事実を通知する**ことになっています。この通知の方法について、書面等で行うこととは定められていません。書面で行うのであれば、社内様式21（前ページ）の「介護のための所定外労働制限取得事由消滅届」（著者オリジナル）のような様式が考えられます。

従業員は請求期間の途中に所定外労働の制限の請求を撤回できるか？

規定例には、所定外労働の制限の撤回に関する規定はありませんが、従業員はどの時点でも請求を撤回することができます。

ただし、従業員が撤回をしたからといって、会社がその従業員に対し、他の従業員と同水準の所定外労働をさせる必要はありません。この理由としては、所定労働時間を超えた労働の指示は、会社側に裁量があるためです。

第７項［制度利用の終了］

第16条第7項

7　次の各号に掲げるいずれかの事由が生じた場合には、制限期間は終了するものとし、当該制限期間の終了日は当該各号に掲げる日とする。

⑴　子又は家族の死亡等制限に係る子を養育又は家族を介護しないこととなった場合
当該事由が発生した日

⑵　制限に係る子が３歳に達した場合
当該３歳に達した日

⑶　請求者について、産前・産後休業、育児休業、出生時育児休業又は介護休業が始まった場合
産前・産後休業、育児休業、出生時育児休業又は介護休業の開始日の前日

制度の利用は当初請求した期間が経過したときには当然、終了し

ます。また、制度利用中に対象家族が亡くなったとき等、**対象家族を介護する理由がなくなったときも、制度の利用は当然に終了**します。介護しないこととなるときの具体的な内容は、第13条第５項（63ページ）と同様です。

そのほか、**制度を利用している期間に、介護休業や産前産後休業、育児休業等の休業が始まったときは従業員が請求した期間であっても、制度の利用は終了**します。

第８項［制度利用終了の通知］

第16条第8項

> ８　本条第７項第１号の事由が生じた場合には、請求者は原則として当該事由が生じた日に、人事部労務課にその旨を通知しなければならない。

制度利用中に対象家族が亡くなったとき等、**対象家族を介護する理由がなくなったときは、従業員は会社にその事実を通知**することになっています。

この制度利用終了事由の通知の方法について、書面等で行うこととは定められていません。書面で行うのであれば、社内様式22（次ページ）の「介護のための所定外労働制限終了届」（著者オリジナル）のような様式が考えられます。

介護のための所定外労働制限終了届の例

著者オリジナル様式

社内様式22

〔介護休業・介護のための所定外労働制限・介護のための時間外労働制限・介護のための深夜業制限〕終了届

代表取締役
田中　英男 殿

［届出日］　202X 年 10 月 3 日
［届出者］所属　システム部
　　　　　氏名　大岩 治雄

私は、202X 年 6 月 16 日に行った〔介護休業の申出・介護のための所定外労働制限の請求・介護のための時間外労働制限の請求・介護のための深夜業制限の請求〕において対象家族を介護する事由が消滅しましたので、育児・介護休業規程（第13条、第16条、第17条および第18条）に基づき、下記のとおり届け出ます。

記

1　対象家族（要介護状態の家族）の氏名
　大岩 友也

2　消滅事由
　☑ 対象家族の死亡
　☐ 離婚、婚姻の取消、離縁等による対象家族との親族関係の消滅
　☐ 届出者自身が負傷、疾病等により対象家族を介護できない状態になったこと

3　事由発生日
　202X 年 9 月 30 日

4　職場復帰希望日（介護休業の場合のみ記載）
　　年　　月　　日

以上

所定外労働の制限の請求をしている従業員に残業をさせられるか？

A 所定外労働の制限の請求をしていても、従業員が残業をすることが問題ないとしたうえで、残業させることができます。

会社は、所定外労働の制限期間中の従業員に対して、原則として残業をさせることはできません。ただし、一時的に介護をする必要がなくなったときに、従業員の理解を得て残業をさせることは問題ありません。

この際、所定外労働の制限の請求を取り下げたり、期間を変更したりする必要はなく、請求期間中の例外的な対応として期間内で残業をさせる形で差し支えはありません。

第7章　時間外労働の制限　※育児を除き解説

▶第17条（育児・介護のための時間外労働の制限）

第1項［時間外労働の制限の制度］

第17条第1項

> 1　小学校就学の始期に達するまでの子を養育する従業員が当該子を養育するため又は要介護状態にある家族を介護する従業員が当該家族を介護するために請求した場合には、就業規則第◯条の規定及び時間外労働に関する協定にかかわらず、事業の正常な運営に支障がある場合を除き、1か月について24時間、1年について150時間を超えて時間外労働をさせることはない。

第16条第1項（75ページ）の説明のとおり、従業員は所定労働時間、労務を提供する義務があり、会社はその時間を超える残業を命じることができます。この残業の時間は所定労働時間を超える時間のみでなく、法定労働時間を超える時間も対象です。

法定労働時間を超える残業の時間は、労使で締結する「時間外労働・休日労働に関する協定」（いわゆる36協定）に基づき、その範囲内で、会社が従業員に命じるものですが、**要介護状態の家族を介護する従業員が請求したときは、会社は事業の正常な運営に支障がある場合を除き、一定の時間数までしか残業を命じることができません。この一定の時間数は、1か月について24時間、1年について150時間**です。なお、1日や1週間単位での制限はありません。

ここでいう「時間外労働」は「法定労働時間を超える労働」であり、時間数には、所定労働時間を超えて法定労働時間までの時間（76ページの図Ⓐの部分）は含まれません。

また、「事業の正常な運営に支障がある場合」とは、第16条第1項の解説（76ページ）と同様に考えます。

請求期間が1年未満の場合、「1年について150時間」はどう考えればよいか？

A 請求のあった期間内で150時間を超えないようにすれば問題ありません。

時間外労働の制限の請求で従業員が１年未満の期間で請求した場合の１年は、その請求のあった期間内で150時間を超えないようにすることになります。そのため、請求期間が６か月（1か月24時間×６か月＝144時間）以下の場合には、１年150時間の制限時間があったとしても、１か月24時間を超えないことで、必然的に１年150時間の制限時間を超えることはありません。その結果、請求期間が６か月以下のときには、実質的に１か月24時間の制限のみがかかります。

なお、請求は１か月以上１年以内の期間について請求をすることから、１か月未満の期間や１年を超えた請求はありません。一方で、６か月の請求期間が連続して２回以上行われることもあります。このときは当初の制限開始日から１年をカウントします。

第２項［対象者］

第17条第２項

> ２　本条第１項にかかわらず、次の一から三のいずれかに該当する従業員からの時間外労働の制限の請求は拒むことができる。
> 一　日雇従業員
> 二　入社１年未満の従業員
> 三　１週間の所定労働日数が２日以下の従業員

時間外労働の制限は全従業員が請求できることになっていますが、日雇従業員や**入社１年未満の従業員、１週間の所定労働日数が２日以下の従業員からの請求を拒むことができます**（実質的には制度を利用できないことになります）。

第16条の所定外労働の制限の請求（75ページ以降参照）について、日雇従業員以外の従業員からの請求を拒むときは労使協定の締結が必要ですが、時間外労働の制限の請求を拒むときには、特に労使協定を締結する必要はなく、就業規則（育児・介護休業規程）に規定することで請求を拒むことができます。

第３項［請求方法］

第17条第3項

> ３　請求をしようとする者は、１回につき、１か月以上１年以内の期間（以下この条において「制限期間」という。）について、制限を開始しようとする日（以下この条において「制限開始予定日」という。）及び制限を終了しようとする日を明らかにして、原則として、制限開始予定日の１か月前までに、育児・介護のための時間外労働制限請求書（社内様式９）を人事部労務課に提出するものとする。この場合において、制限期間は、前条第３項に規定する制限期間と重複しないようにしなければならない。

従業員が希望する日から時間外労働の制限の制度を利用するためには、**制限開始予定日の１か月前までに請求をすることになっており、制限開始予定日の１か月前より後に請求があったときには、会社は従業員が請求した開始予定日からの制度の利用を認めなくてよい**とされています。この「１か月前」を、従業員にとって有利な取扱いである「２週間前」等と短く変更することはできますが、「２か月前」等とすることはできません。

従業員がこの請求をする際は、「介護のための時間外労働制限請求書」（次ページ社内様式９）のような、書面等で行うことが必要です。書面等には以下の項目を記載する必要があります。

①請求年月日
②従業員の氏名
③対象家族の氏名および従業員との続柄
④対象家族が要介護状態にあること
⑤制限を開始しようとする日および制限を終了しようとする日

要介護状態の家族を介護している間は、上限なく介護が終了するまでの期間について利用できます。そのため、１回につき１か月以上１年以内の期間を指定して請求することが必要なものの、請求の回数に上限はありません。

介護のための時間外労働制限請求書の例

社内様式9

〔育児・介護〕のための時間外労働制限請求書

代表取締役
田中 英男　殿

［請求日］ 202X 年 12 月 1 日
［請求者］所属 **システム部**
氏名 **大岩 治雄**

私は、育児・介護休業規程（第17条）に基づき、下記のとおり〔育児・介護〕のための時間外労働の制限を請求します。

記

		〔育児〕	〔介護〕
1 請求に係る家族の状況	(1) 氏名		**大岩 友也**
	(2) 生年月日		
	(3) 本人との続柄		**父**
	(4) 養子の場合、縁組成立の年月日		
	(5) (1)の子が、特別養子縁組の監護期間中の子・養子縁組里親に委託されている子・養育里親として委託された子の場合、その手続きが完了した年月日		
	(6) 介護を必要とする理由		**歩行や衣類の着脱、薬の内服で介助が必要**
2 育児の場合、1の子が生まれていない場合の出産予定者の状況	(1) 氏名 (2) 出産予定日 (3) 本人との続柄		
3 制限の期間	**202Y** 年 **1** 月 **1** 日から **202Y** 年 **6** 月 **30** 日まで		
4 請求に係る状況	制限開始予定日の1か月前に請求をして いる・いない → 請求が遅れた理由 〔　　　　〕		

なお、第16条の所定外労働の制限（75ページ以降参照）と、第17条の時間外労働の制限を同じ期間に請求することは、整合性が取れないためできません。ちなみに、第20条の介護のための所定労働時間の短縮措置等（105ページ以降参照）とは同じ期間での請求ができます。

1か月や1年の期間は36協定に合わせる必要があるか？

36協定と時間外労働の制限の期間を合わせる必要はありません。ただし、合わせることで労働時間管理の煩雑さは軽減されるでしょう。

36協定では、１日、１か月および１年の法定労働時間を超えて延長する時間数を決める必要があり、１か月および１年については起算日が設けられます。従業員は、任意の「時間外労働の制限を開始しようとする日」を決めて請求することができるため、この日が36協定の各起算日と一致するとは限りません。
これらの日が一致していないと、会社としては36協定と時間外労働の制限それぞれの時間外労働の時間数を管理する必要が出てくるため、労働時間の管理が煩雑になります。

時間外労働の制限の請求が行われたときには、このような背景を従業員に説明のうえ、少なくとも「時間外労働の制限を開始しようとする日」と１か月の起算日が一致するような請求をしてほしいと伝えることも考えられます。

第４項［証明書の提出］

第17条第4項

> ４　会社は、時間外労働制限請求書を受け取るに当たり、必要最小限度の各種証明書の提出を求めることがある。

時間外労働の制限は、要介護状態の家族を介護する従業員が請求できるものであり、**会社は従業員が制度を利用できる対象者である**

かを確認するために、証明書の提出を求めることができます。

証明書は第11条第３項（45ページ）と同様であり、従業員の負担の少ないものを求めるべきとされています。

第５項［出生の報告義務］

第17条第5項

> ５　請求の日後に請求に係る子が出生したときは、時間外労働制限請求書を提出した者（以下この条において「請求者」という。）は、出生後２週間以内に人事部労務課に時間外労働制限対象児出生届（社内様式３）を提出しなければならない。

第５項は、育児に関することであるため、本書での解説および社内様式の掲載は行いません。

第６項［制度利用の理由の消滅］

第17条第6項

> ６　制限開始予定日の前日までに、請求に係る子又は家族の死亡等により請求者が子を養育又は家族を介護しないこととなった場合には、請求されなかったものとみなす。この場合において、請求者は、原則として当該事由が発生した日に、人事部労務課にその旨を通知しなければならない。

従業員が請求し、利用する前までに対象家族が亡くなった等、時間外労働の制限の制度を利用する理由がなくなったときは制度を利用できず、そもそも制度を利用する請求がなかったものとみなされます。

制度を利用する理由がなくなった（対象家族を介護しなくなった）ときには、**従業員は会社にその事実を通知する**ことになっています。この通知の方法について、書面等で行うこととは定められていません。書面で行うのであれば、社内様式21（次ページ）の「介護のための時間外労働制限取得事由消滅届」（著者オリジナル）のような様式が考えられます。

介護のための時間外労働制限取得事由消滅届の例

著者オリジナル様式

社内様式21

〔介護休業・介護のための所定外労働制限・介護のための時間外労働制限・介護のための深夜業制限〕取得事由消滅届

代表取締役
田中 英男　　殿

［届出日］ 202X 年 12 月 25 日
［届出者］所属　システム部
　　　　　氏名　大岩 治雄

私は、202X 年 12 月 1 日に行った〔介護休業の申出・介護のための所定外労働制限の請求・介護のための時間外労働制限の請求・介護のための深夜業制限の請求〕において対象家族を介護する事由が消滅しましたので、育児・介護休業規程（第12条、第16条、第17条および第18条）に基づき、下記のとおり届け出ます。

記

1　対象家族（要介護状態の家族）の氏名

　　大岩 友也

2　消滅事由

- ☑ 対象家族の死亡
- □ 離婚、婚姻の取消、離縁等による対象家族との親族関係の消滅
- □ 届出者自身が負傷、疾病等により対象家族を介護できない状態になったこと

3　事由発生日

　　202X 年 12 月 15 日

以上

第７項［制度利用の終了］

第17条第7項

> ７　次の各号に掲げるいずれかの事由が生じた場合には、制限期間は終了するものとし、当該制限期間の終了日は当該各号に掲げる日とする。
> (1)　子又は家族の死亡等制限に係る子を養育又は家族を介護しないこととなった場合
> 　当該事由が発生した日
> (2)　制限に係る子が小学校就学の始期に達した場合
> 　子が６歳に達する日の属する年度の３月31日
> (3)　請求者について、産前・産後休業、育児休業、出生時育児休業又は介護休業が始まった場合
> 　産前・産後休業、育児休業、出生時育児休業又は介護休業の開始日の前日

制度の利用は当初請求した期間が経過したときには当然、終了します。また、制度利用中に対象家族が亡くなったとき等、**対象家族を介護する理由がなくなったときも、制度の利用は当然に終了**します。介護しないこととなるときの具体的な内容は、第13条第５項（63ページ）と同様です。

そのほか、**制度を利用している期間に、介護休業や産前産後休業、育児休業等の休業が始まったときは従業員が請求した期間であっても、制度の利用は終了**します。

第８項［制度利用終了理由の通知］

第17条第8項

> ８　本条第７項第１号の事由が生じた場合には、請求者は原則として当該事由が生じた日に、人事部労務課にその旨を通知しなければならない。

制度利用中に対象家族が亡くなったとき等、**対象家族を介護する理由がなくなったときは、従業員は会社にその事実を通知**することになっています。

この制度利用終了事由の通知の方法について、書面等で行うこと

とは定められていません。書面で行うのであれば、社内様式22の「介護のための時間外労働制限終了届」（著者オリジナル）のような様式が考えられます。

介護のための時間外労働制限終了届の例

著者オリジナル様式

社内様式22

〔 介護休業・介護のための所定外労働制限・介護のための時間外労働制限・介護のための深夜業制限 〕終了届

代表取締役
田中 英男　　殿

［届出日］ 202Y 年 1 月 20 日
［届出者］所属 **システム部**
氏名 **大岩 治雄**

私は、 202X 年 12 月 1 日に行った〔 介護休業の申出・介護のための所定外労働制限の請求・介護のための時間外労働制限の請求・介護のための深夜業制限の請求 〕において対象家族を介護する事由が消滅しましたので、育児・介護休業規程（第12条、第16条、第17条および第18条）に基づき、下記のとおり届け出ます。

記

1　対象家族（要介護状態の家族）の氏名
　　大岩 友也

2　消滅事由
　☑ 対象家族の死亡
　□ 離婚、婚姻の取消、離縁等による対象家族との親族関係の消滅
　□ 届出者自身が負傷、疾病等により対象家族を介護できない状態になったこと

3　事由発生日
　　202Y 年 1 月 15 日

4　職場復帰希望日（介護休業の場合のみ記載）
　　　年　　月　　日

以上

フレックスタイム制と時間外労働の制限の関係はどうなるか？

A 時間外労働の制限は、フレックスタイム制が適用されている従業員も請求ができます。フレックスタイム制の場合には、清算期間における法定労働時間の総枠を超えた時間について、時間外労働としてカウントし、時間外労働の制限の時間が判断されることになります。

第8章　深夜業の制限　※育児を除き解説

▶第18条（育児・介護のための深夜業の制限）

第1項［深夜業の制限の制度］

第18条第1項

> 1　小学校就学の始期に達するまでの子を養育する従業員が当該子を養育するため又は要介護状態にある家族を介護する従業員が当該家族を介護するために請求した場合には、就業規則第◯条の規定にかかわらず、事業の正常な運営に支障がある場合を除き、午後10時から午前5時までの間（以下「深夜」という。）に労働させることはない。

18歳未満の従業員や請求した妊産婦等、一部の従業員を除き、法令上、会社が従業員を働かせることのできない日や時間帯の規定はありません。

ただし、**要介護状態の家族を介護する従業員で、深夜（22時から翌日5時）に家族を介護するために会社に請求した場合は、会社は事業の正常な運営に支障がある場合を除き、深夜に働かせることができません。**

所定外労働（残業）が深夜時間帯に及ぶことが想定される従業員（次ページ図Ⓐ）のほか、就業規則等における所定労働時間が深夜時間帯に差し掛かる等の深夜業が混在する従業員（次ページ図Ⓑ）

は、請求することができます。なお、第２項第５号（次ページ参照）のように、所定労働時間の全部が深夜にある従業員（下図Ⓒ）からの請求は、会社は拒むことができます。

また、「事業の正常な運営に支障がある場合」とは、第16条第１項の解説（76ページ）と同様に考えます。

深夜業の制限で制限対象となる時間の例

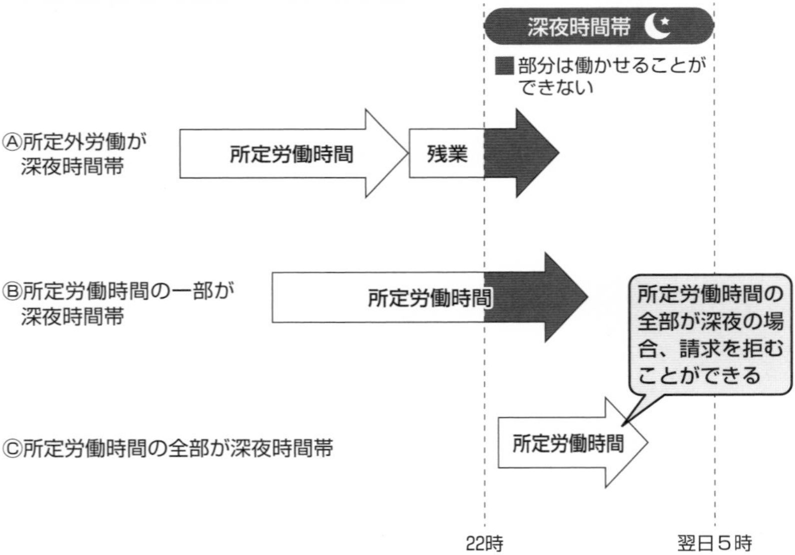

2項［対象者］

第18条第2項

> 2　本条第1項にかかわらず、次のいずれかに該当する従業員からの深夜業の制限の請求は拒むことができる。
> 一　日雇従業員
> 二　入社1年未満の従業員
> 三　請求に係る家族の16歳以上の同居の家族が次のいずれにも該当する従業員
> イ　深夜において就業していない者（1か月について深夜における就業が3日以下の者を含む。）であること。
> ロ　心身の状況が請求に係る子の保育又は家族の介護をすることができる者であること。
> ハ　6週間（多胎妊娠の場合にあっては、14週間）以内に出産予定でなく、かつ産後8週間以内でない者であること。
> 四　1週間の所定労働日数が2日以下の従業員
> 五　所定労働時間の全部が深夜にある従業員

深夜業の制限は全従業員が請求できることになっていますが、日雇従業員のほかに、**入社1年未満の従業員、家族の介護ができると判断される16歳以上の同居の家族がいる従業員、1週間の所定労働日数が2日以下の従業員等からの請求を拒むことができます**（実質的には制度を利用できないことになります）。

第5号の「所定労働時間の全部が深夜にある従業員」には、交替勤務で深夜ではない時間帯に所定労働時間がある従業員や、所定労働時間の一部に深夜ではない時間帯が含まれる従業員は該当しません。

また、第17条の時間外労働の制限（84ページ以降参照）と同様に、労使協定を締結する必要なく、就業規則（育児・介護休業規程）に規定することで請求を拒むことができます。

第３項［請求方法］

第18条第3項

> 3　請求をしようとする者は、１回につき、１か月以上６か月以内の期間（以下この条において「制限期間」という。）について、制限を開始しようとする日（以下この条において「制限開始予定日」という。）及び制限を終了しようとする日を明らかにして、原則として、制限開始予定日の１か月前までに、育児・介護のための深夜業制限請求書（社内様式10）を人事部労務課に提出するものとする。

従業員が希望する日から深夜業の制限の制度を利用するためには、**制限開始予定日の１か月前までに請求をすることになっており、制限開始予定日の１か月前より後に請求があったときには、会社は従業員が請求した開始予定日からの制度の利用を認めなくてよい**とされています。この「１か月前」を、従業員にとって有利な取扱いである「２週間前」等と短く変更することはできますが、「２か月前」等とすることはできません。

従業員がこの請求をする際は、「介護のための深夜業制限請求書」（次ページ社内様式10）のような、書面等で行うことが必要です。書面等には以下の項目を記載する必要があります。

①請求年月日
②従業員の氏名
③対象家族の氏名および従業員との続柄
④対象家族が要介護状態にあること
⑤制限を開始しようとする日および制限を終了しようとする日
⑥深夜においてその対象家族を常態として介護することができる同居の家族がいないこと

介護のための深夜業制限請求書の例

社内様式10

〔育児・介護〕のための深夜業制限請求書

代表取締役
田中 英男 殿

［請求日］ **202X** 年 **6** 月 **16** 日
［請求者］所属 **システム部**
氏名 **大岩 治雄**

私は、育児・介護休業規程（第18条）に基づき、下記のとおり〔育児・介護〕のための深夜業の制限を請求します。

記

		〔育児〕	〔介護〕
1 請求に係る家族の状況	(1) 氏名		**大岩 友也**
	(2) 生年月日		
	(3) 本人との続柄		**父**
	(4) 養子の場合、縁組成立の年月日		
	(5) (1)の子が、特別養子縁組の監護期間中の子・養子縁組里親に委託されている子・養育里親として委託された子の場合、その手続きが完了した年月日		
	(6) 介護を必要とする理由		**歩行や衣類の着脱、薬の内服で介助が必要**
2 育児の場合、1の子が生まれていない場合の出産予定者の状況	(1) 氏名 (2) 出産予定日 (3) 本人との続柄		
3 制限の期間	**202X** 年 **8** 月 **1** 日から **202X** 年 **12** 月 **31** 日まで		
4 請求に係る状況	(1) 制限開始予定日の1か月前に請求をして いる・いない → 請求が遅れた理由 〔 〕 (2) 常態として1の子を保育できる又は1の家族を介護できる16歳以上の同居の親族が いる・いない		

要介護状態の家族を介護している間は、上限なく介護が終了するまでの期間について利用できます。そのため、1回につき1か月以上**6か月以内**（所定外労働の制限および時間外労働の制限は1年）の期間を指定して請求することが必要なものの、請求の回数に上限はありません。

なお、「6か月以内」という基準は育児・介護休業法で定められているため、**6か月を超えるような期間での請求は認められません。6か月を超えるような期間について制度を利用するときは、請求期間について6か月間を上限として複数回請求することになります。**

第16条の所定外労働の制限（75ページ以降参照）、第17条の時間外労働の制限（84ページ以降参照）および第20条の介護のための所定労働時間の短縮措置等（105ページ以降参照）と同じ期間での請求ができます。

第4項［証明書の提出］

第18条第4項

> 4　会社は、深夜業制限請求書を受け取るに当たり、必要最小限度の各種証明書の提出を求めることがある。

深夜業の制限は、要介護状態の家族を介護する従業員が請求できるものであり、**会社は従業員が制度を利用できる対象者であるかを確認するために、証明書の提出を求めることができます。**

証明書は第11条第3項（45ページ）と同様であり、従業員の負担の少ないものを求めるべきとされています。

第５項［出生の報告義務］

第18条第5項

> 5　請求の日後に請求に係る子が出生したときは、深夜業制限請求書を提出した者（以下この条において「請求者」という。）は、出生後２週間以内に人事部労務課に深夜業制限対象児出生届（社内様式３）を提出しなければならない。

第５項は、育児に関することであるため、本書での解説および社内様式の掲載は行いません。

第６項［制度利用の理由の消滅］

第18条第6項

> 6　制限開始予定日の前日までに、請求に係る子又は家族の死亡等により請求者が子を養育又は家族を介護しないこととなった場合には、請求されなかったものとみなす。この場合において、請求者は、原則として当該事由が発生した日に、人事部労務課にその旨を通知しなければならない。

従業員が請求し、利用する前までに対象家族が亡くなった等、深夜業の制限の制度を利用する理由がなくなったときは制度を利用できず、そもそも制度を利用する請求がなかったものとみなされます。

制度を利用する理由がなくなった（対象家族を介護しなくなった）ときには、**従業員は会社にその事実を通知する**ことになっています。この通知の方法について、書面等で行うこととは定められていません。書面で行うのであれば、社内様式21（次ページ）の「介護のための深夜業制限取得事由消滅届」（著者オリジナル）のような様式が考えられます。

介護のための深夜業制限取得事由消滅届の例

著者オリジナル様式

社内様式21

〔介護休業・介護のための所定外労働制限・介護のための時間外労働制限・介護のための深夜業制限〕取得事由消滅届

代表取締役
田中 英男 殿

［届出日］ 202X 年 7 月 31 日
［届出者］所属 **システム部**
氏名 **大岩 治雄**

私は、 202X 年 6 月 16 日に行った〔介護休業の申出・介護のための所定外労働制限の請求・介護のための時間外労働制限の請求・介護のための深夜業制限の請求〕において対象家族を介護する事由が消滅しましたので、育児・介護休業規程（第12条、第16条、第17条および第18条）に基づき、下記のとおり届け出ます。

記

1 対象家族（要介護状態の家族）の氏名
大岩 友也

2 消滅事由
☑ 対象家族の死亡
☐ 離婚、婚姻の取消、離縁等による対象家族との親族関係の消滅
☐ 届出者自身が負傷、疾病等により対象家族を介護できない状態になったこと

3 事由発生日
202X 年 7 月 23 日

以上

第７項［制度利用の終了］

第18条第7項

7 次の各号に掲げるいずれかの事由が生じた場合には、制限期間は終了するものとし、当該制限期間の終了日は当該各号に掲げる日とする。
(1) 子又は家族の死亡等制限に係る子を養育又は家族を介護しないこととなった場合
当該事由が発生した日
(2) 制限に係る子が小学校就学の始期に達した場合
子が６歳に達する日の属する年度の３月31日
(3) 請求者について、産前・産後休業、育児休業、出生時育児休業又は介護休業が始まった場合
産前・産後休業、育児休業、出生時育児休業又は介護休業の開始日の前日

制度の利用は当初請求した期間が経過したときには当然、終了します。また、制度利用中に対象家族が亡くなったとき等、**対象家族を介護する理由がなくなったときも、制度の利用は当然に終了**します。介護しないこととなるときの具体的な内容は、第13条第５項（63ページ）と同様です。

そのほか、**制度を利用している期間に、介護休業や産前産後休業、育児休業等の休業が始まったときは従業員が請求した期間であっても、制度の利用は終了**します。

介護のための深夜業制限終了届の例

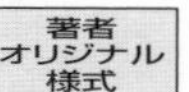

社内様式22

〔介護休業・介護のための所定外労働制限・介護のための時間外労働制限・介護のための深夜業制限〕終了届

代表取締役
田中 英男 殿

〔届出日〕 202X 年 10 月 3 日
〔届出者〕所属 **システム部**
氏名 **大岩 治雄**

私は、 202X 年 6 月 16 日に行った〔介護休業の申出・介護のための所定外労働制限の請求・介護のための時間外労働制限の請求・介護のための深夜業制限の請求〕において対象家族を介護する事由が消滅しましたので、育児・介護休業規程（第13条、第16条、第17条および第18条）に基づき、下記のとおり届け出ます。

記

1 対象家族（要介護状態の家族）の氏名
大岩 友也

2 消滅事由
☑ 対象家族の死亡
☐ 離婚、婚姻の取消、離縁等による対象家族との親族関係の消滅
☐ 届出者自身が負傷、疾病等により対象家族を介護できない状態になったこと

3 事由発生日
202X 年 9 月 30 日

4 職場復帰希望日（介護休業の場合のみ記載）
年 月 日

以上

第８項［制度利用終了理由の通知］

第18条第8項

> 8　本条第７項第１号の事由が生じた場合には、請求者は原則として当該事由が生じた日に、人事部労務課にその旨を通知しなければならない。

制度利用中に対象家族が亡くなったとき等、**対象家族を介護する理由がなくなったときは、従業員は会社にその事実を通知すること**になっています。

この制度終了事由の通知の方法について、書面等で行うこととは定められていません。書面で行うのであれば、社内様式22（前ページ）の「介護のための深夜業制限終了届」（著者オリジナル）のような様式が考えられます。

第９項［給与の取扱い］

第18条第9項

> 9　制限期間中の給与については、別途定める給与規定に基づく労務提供のなかった時間分に相当する額を控除した基本給と諸手当の全額を支給する。

深夜業の制限の制度を利用することで、**働かなくなる時間分の給与や、深夜労働の時間に応じて支給する割増賃金、深夜労働の実績に対して支給する手当について、働かない時間分を支給しないことができます。**

条文では、基本給は控除するものの、諸手当は全額支給することになっているため、手当の性質を整理し、深夜業の制限をした場合に支給しない手当については就業規則（育児・介護休業規程や賃金規程等）で明確にしておく必要があります。

第10項［勤務時間帯の変更］

第18条第10項

> 10　深夜業の制限を受ける従業員に対して、会社は必要に応じて昼間勤務へ転換させることがある。

深夜業の制限の制度を利用することで、所定労働時間の一部が深夜時間帯にかかっているような場合、その所定労働時間の取扱いが問題となります。

深夜時間帯にかかっている所定労働時間数と同じ時間数を、例えば深夜時間帯以外（昼間）の時間帯に振り替えることにより、その従業員の所定労働時間数の勤務を確保することが選択肢になります

深夜時間帯の勤務時間の取扱いの例

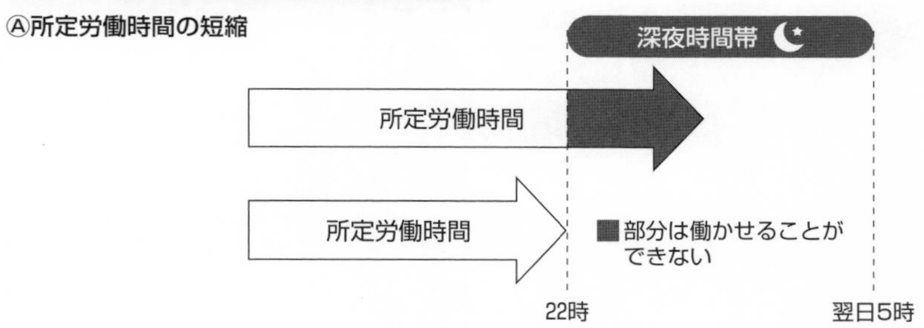

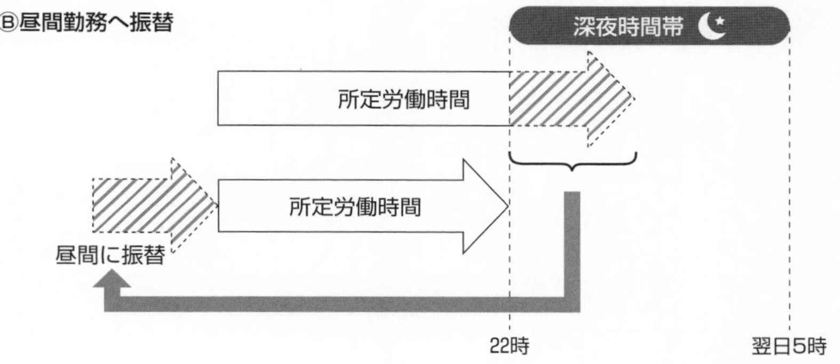

が、会社に振り替える義務までは発生しません。単純に**深夜時間帯にかかっている時間数を短縮した所定労働時間数に変更することもできます**（前ページ図Ⓐ参照）。

ただし、従業員が昼間の勤務を希望しており、かつ代わりに勤務させることができる同職種の昼間の勤務があるにもかかわらず、昼間の勤務をさせずに懲罰的に無給で所定労働時間数を少なくすることは、深夜業の制限の制度の利用を従業員に躊躇（ちゅうちょ）させることになり、不利益な取扱いに当たるおそれがあると行政通達は示しています。会社と従業員で十分に話し合い、取扱いを決めることが重要です。

第9章　所定労働時間の短縮措置等　※育児を除き解説

第19条

▶第19条　（育児短時間勤務）

1　3歳に満たない子を養育する従業員は、申し出ることにより、就業規則第○条の所定労働時間について、以下のように変更することができる。

　所定労働時間を午前9時から午後4時まで（うち休憩時間は、午前12時から午後1時までの1時間とする。）の6時間とする（1歳に満たない子を育てる女性従業員は更に別途30分ずつ2回の育児時間を請求することができる。）。

2　本条第1項にかかわらず、次のいずれかに該当する従業員からの育児短時間勤務の申出は拒むことができる。

一　日雇従業員

二　1日の所定労働時間が6時間以下である従業員

三　労使協定によって除外された次の従業員

㈠　入社1年未満の従業員

㈡　1週間の所定労働日数が2日以下の従業員

3　申出をしようとする者は、1回につき、1か月以上1年以内の期間について、短縮を開始しようとする日及び短縮を終了しようとする日を明らかにして、原則として、短縮開始予定日の1か月前までに、育児短時間勤務申出書（社内様式11）により人事部労務課に申し出なければならない。申出書が提出されたときは、会社は速やかに申出者に対し、育児短時間勤務取扱通知書（社内様式13）を交付する。その他適用のための手続等については、第3条から第5条までの規定（第3条第2項、第3項、第4項及び第4条第3項を除く。）を準用する。

4　本制度の適用を受ける間の給与については、別途定める給与規定に基づく労務提供のなかった時間分に相当する額を控除した基本給と諸手当の全額を支給する。

5　賞与については、その算定対象期間に本制度の適用を受ける期間がある場合においては、短縮した時間に対応する賞与は支給しない。

6　定期昇給及び退職金の算定に当たっては、本制度の適用を受ける期間は通常の勤務をしているものとみなす。

第19条は、育児に関することであるため、本書での解説および社内様式の掲載は行いません。

所定労働時間の短縮措置等として、育児に関しては短時間勤務制度を導入する義務が会社にありますが、介護に関しては、「介護のための所定労働時間の短縮措置等」として、以下の4つの制度のうち、少なくとも1つを導入することが義務づけられています。

①短時間勤務の制度
②フレックスタイム制
③始業・終業時刻の繰上げ・繰下げの制度
④従業員が利用する介護サービスの費用の助成その他これに準ずる制度

いずれの制度を導入するかは、会社が決めることになりますが、できるだけ従業員が仕事と介護の両立を実現できるような制度の導入が求められることは言うまでもありません。

ここでは規定例にある①③④について、その条文と内容を確認します。

短時間勤務の制度

▶第20条（介護短時間勤務）

第1項［介護短時間勤務制度］

第20条第1項（短時間勤務）

1　要介護状態にある家族を介護する従業員は、申し出ることにより、当該家族1人当たり利用開始の日から3年の間で2回までの範囲内で、就業規則第○条の所定労働時間について、以下のように変更することができる。
　所定労働時間を午前9時から午後4時まで（うち休憩時間は、午前12時から午後1時までの1時間とする。）の6時間とする。

家族を介護していても、従業員は労働契約や就業規則等の定めどおりの所定労働時間について働く必要があります。ただし、要介護状態の家族を介護する従業員は、家族の病院の付き添いやデイサービスの送迎時の対応等、家族の介護に時間が必要になることもあります。

そのため、要介護状態の家族を介護する従業員が申し出たときは、会社はその従業員の所定労働時間を短縮することが、所定労働時間の短縮措置等の１つとして定められています。

条文にあるように１日の所定労働時間を短縮する制度とすることのほか、以下のような制度も考えられます。

- 週や月の所定労働時間を短縮する制度
- 週や月の所定労働日数を短縮する制度（隔日勤務や、特定の曜日のみの勤務等）
- 従業員が各自で勤務しない日や時間を請求することを認める制度

介護短時間勤務制度は、**介護休業とは別に対象家族１人につき、利用開始の日から最低でも３年間、その中で少なくとも２回は利用できる制度とすることが必要**です。

育児短時間勤務制度は、１日の所定労働時間を原則６時間とする必要がありますが、介護短時間勤務制度は法令で短縮すべき時間数が定められていません。

ただし、指針(※)では「短時間勤務の制度は、労働者がその要介護状態にある対象家族を介護することを実質的に容易にする内容のものであることが望ましいものであることに配慮すること」と示されていることから、**通常の所定労働時間が８時間の場合は２時間以上、７時間の場合は１時間以上の短縮となるような所定労働時間の短縮の制度を設けることが望ましい**としています。

要介護状態の家族を、他の家族と交代で介護するような場合には、所定労働時間が日々短縮されることよりも、例えば決まった曜日について所定労働時間が短縮となるような制度が、実態に即している場合もあります。従業員が家族の介護に必要となる内容と、会社として人員の確保が必要となる観点から擦り合わせて、どのような短時間勤務制度とするかを検討すると、活きた制度になるでしょう。

また、**始業時刻と終業時刻についても法令上の定めはなく、会社が任意の時刻を定めることができます。**従業員が仕事と介護の両立をしやすくなる時間帯と、会社が従業員に労務の提供を求めたい時間帯を勘案して決めることができます。

始業時刻と終業時刻は就業規則の絶対的必要記載事項であることから、具体的な時刻を就業規則の一部である育児・介護休業規程等に記載する必要があります。

※子の養育又は家族の介護を行い、又は行うこととなる労働者の職業生活と家庭生活との両立が図られるようにするために事業主が講ずべき措置に関する指針（令和４年10月１日改正）

別居の家族の介護と通勤災害

働きながら介護をする中で、通勤途中に別居の家族の介護を行うこともあるでしょう。

労災保険法（労働者災害補償保険法）では、労働者の通勤途中のケガ等（通勤災害）に対して保険給付が行われますが、通勤の経路を逸脱・中断した場合は、逸脱・中断の間および合理的な経路に復帰後の移動は原則として通勤には含まれません。そのため、例えば帰宅途中に別居の家族の介護をしてから帰宅するときは、通勤災害にならないこともあります。

ただし、逸脱・中断が「日常生活上必要な行為」に該当する場合には、合理的な経路に復帰後の移動は通勤に含まれるとされています。継続または反復して行っている要介護状態にある一定の範囲の家族の介護は、この日常生活上必要な行為に含まれています。

介護休業と介護短時間勤務の期間通算規定

2016年12月31日までは、介護休業は原則１回に限り、93日まで取得できるとなっていました。また、所定労働時間短縮等の措置は介護休業と通算して93日の範囲内で取得できる内容でした。

2017年１月１日に施行された改正育児・介護休業法で、介護の始期、終期、その間の期間、それぞれに介護休業を取得できるようにするため、介護休業は対象家族１人につき通算93日を上限とし、３回に分割して取得できるようになりました。

そして、介護短時間勤務制度等は日常的な介護ニーズに対応できる制度として、介護休業とは別に、利用開始から３年間で２回の利用ができるようになりました。

この改正の対応がされていないことで、介護休業と所定労働時間短縮等の措置を通算する規定が残っているときには、規定の変更が必要です。

第２項［対象者］

第20条第２項（短時間勤務）

> ２　本条第１項にかかわらず、次のいずれかに該当する従業員からの介護短時間勤務の申出は拒むことができる。
> 一　日雇従業員
> 二　労使協定によって除外された次の従業員
> ㈠　入社１年未満の従業員
> ㈡　１週間の所定労働日数が２日以下の従業員

介護短時間勤務は全従業員が申出できることになっていますが、日雇従業員からの請求を拒むことができます（実質的には制度を利用できないことになります）。

通常の所定労働時間が８時間の場合は２時間以上、７時間の場合は１時間以上の短縮（所定労働時間を６時間に短縮すること）が望ましいとされていることから、**１日の所定労働時間が６時間以下である従業員も制度を適用する従業員から除くことができます。**第19条（104ページ参照）の育児短時間勤務制度では、第２項で「二　１日の所定労働時間が６時間以下である従業員」として申出を拒む従業員に規定していることから、規定例において規定されていないものの、介護短時間勤務制度も同様に規定することが考えられます。

また、労使協定の締結により、**入社１年未満の従業員や１週間の所定労働日数が２日以下の従業員からの申出を拒むことができます**(実質的には制度を利用できないことになります)。

なお、介護短時間勤務制度を所定労働時間の短縮措置等として導入し、申出を拒むことができる従業員を規定した場合でも、その従業員に介護短時間勤務制度以外のその他の所定労働時間の短縮措置等の制度を導入する必要はありません。

第３項［申出方法］

第20条第３項（短時間勤務）

> ３　申出をしようとする者は、短縮を開始しようとする日及び短縮を終了しようとする日を明らかにして、原則として、短縮開始予定日の２週間前までに、介護短時間勤務申出書（社内様式12）により人事部労務課に申し出なければならない。申出書が提出されたときは、会社は速やかに申出者に対し、介護短時間勤務取扱通知書（社内様式13）を交付する。その他適用のための手続等については、第11条から第13条までの規定を準用する。

条文では、介護短時間勤務制度を利用するときは、「介護短時間勤務申出書」（次ページ社内様式12）により介護短時間勤務の開始予定日の２週間前までに申出を行い、会社は「介護短時間勤務取扱通知書」（111ページ社内様式13）により、申出書の受領後、速やかに申出の取扱いについて従業員に通知することになっています。

しかし、介護短時間勤務制度において、申出の方法や、申出をする期限は法令で定められていません。従業員の過度な負担にならないようにする必要がありますが、**書面等での申出により、申出の事実を明確にするとともに、人員配置等を調整する期間も踏まえた申出期限を決める**とよいでしょう。

介護短時間勤務申出書の例

社内様式12

介護短時間勤務申出書

代表取締役
田中 英男 殿

［申出日］ 202X 年 7 月 16 日
［申出者］所属 **システム部**
氏名 **大岩 治雄**

私は、育児・介護休業規程（第20条）に基づき、下記のとおり介護短時間勤務の申出をします。

記

1 短時間勤務に係る家族の状況	(1) 氏名	**大岩 友也**
	(2) 本人との続柄	**父**
	(3) 介護を必要とする理由	**歩行や衣類の着脱、薬の内服で介助が必要**
2 短時間勤務の期間	202X 年 8 月 1 日から 202X 年 12 月 31 日まで	
	※ 時 分から 時 分まで ☑ 毎日 □ その他［ ］	
3 申出に係る状況	(1) 短時間勤務開始予定日の２週間前に申し出て	(いる)・いない→申出が遅れた理由 〔 〕
	(2) １の家族について最初の介護短時間勤務を開始した年月日、及びこれまでの利用回数	〔最初の開始年月日〕 年 月 日 〔回数〕 0 回
	(3) １の家族について介護短時間勤務の申出を撤回したことが	(ない)・ある（ 回） →既に２回連続して撤回した場合、再々度申出の理由 〔 〕

（注） 2－※欄は、労働者が個々に勤務しない日又は時間を申し出ることを認める制度である場合には必要となります。

社内で運用する際は注を踏まえて、制度に応じた様式の変更を行いますが、本書では様々な制度が用いられることがあるため、（注）をそのまま掲載しています。

介護短時間勤務取扱通知書の例

社内様式13

〔育児・介護〕短時間勤務取扱通知書

大岩　治雄　　殿

202X 年 7 月 20 日
会社名　株式会社 田中商会

あなたから 202X 年 7 月 16 日に〔育児・介護〕短時間勤務の申出がありました。育児・介護休業規程（第19条及び第20条）に基づき、その取扱いを下記のとおり通知します（ただし、期間の変更の申出があった場合には下記の事項の若干の変更があり得ます。）。

記

1　休業の期間等	・適正な申出がされていましたので申出どおり 202X 年 8 月 1 日から 202X 年 12 月 31 日まで短時間勤務をしてください。 ・申し出た期日が遅かったので短時間勤務を開始する日を　　年　月　日にしてください。 ・あなたは以下の理由により対象者でないので短時間勤務をすることはできません。 （　　　　） ・今回の措置により、介護短時間勤務ができる期限は、202A 年 7 月 31 日までで、残り（ 2 ）回になります。
2　短時間勤務期間の取扱い等	(1)　短時間勤務中の勤務時間は次のとおりとなります。 始業（午前 9 時 00 分）　終業（午後 4 時 00 分） 休憩時間（午前 12 時 00 分～午後 1 時 00 分（ 60 分）） (2)（産後１年以内の女性従業員の場合）上記の他、育児時間１日２回30分の請求ができます。 (3)　短時間勤務中は原則として所定時間外労働は行わせません。 (4)　短時間勤務中の賃金は次のとおりとなります。 1　基本賃金　285,000円 2　諸手当の額又は計算方法　通勤手当は20,000円満額を支給 (5)　賞与及び退職金の算定に当たっては、短時間勤務期間中も通常勤務をしたものとみなして計算します。
3　その他	お子さんを養育しなくなる、家族を介護しなくなる等あなたの勤務に重大な変更をもたらす事由が発生したときは、なるべくその日に　総務部　あて電話連絡をしてください。この場合の通常勤務の開始日については、事由発生後２週間以内の日を会社と話し合って決定していただきます。

第４項［給与の取扱い］

第20条第4項（短時間勤務）

> 4　本制度の適用を受ける間の給与については、別途定める給与規定に基づく労務提供のなかった時間分に相当する額を控除した基本給と諸手当の全額を支給する。

介護短時間制度を利用することで、**働かない時間分の給与の取扱いを決めておく**必要があります。

条文では、短縮されることで働かない時間分の基本給は控除し、諸手当は全額支給することになっていますが、諸手当についても手当の性質に応じて短縮されることで働かない時間分を控除することも可能です。

この際、通勤手当のように一般的には労働時間とは連動せずに支給するものについて、働かない時間分を控除することはなじみません。

規定例の解説では、以下のような例も示されています。

規定例（所定労働時間 8 時間を 2 時間短縮して 6 時間とする場合）

- 本制度の適用を受ける間の給与については、給与規定に基づく基本給からその25%を減額した額と諸手当の全額を支給する。
- 本制度の適用を受ける間の給与については、給与規定に基づく基本給及び○○手当からその25%を減額した額と○○手当を除く諸手当の全額を支給する。

Q 管理監督者も介護短時間勤務制度を利用できるようにしなければならないか？

労働基準法第41条第 2 号に定める管理監督者については、労働時間等に関する規定が適用されないことになっているので、介護短時間勤務制度は利用できないとして差し支えありません。

この考えの前提には、管理監督者が介護短時間制度を利用できないということではなく、管理監督者はそもそも介護短時間制度を利用せずとも、労働時間について裁量を持って働くことができるということがあります。

仮にそのような裁量がないのであれば、そもそも管理監督者として扱うことが適正であるのかという問題になります。

第５項［賞与の取扱い］

第20条第5項（短時間勤務）

> 5　賞与については、その算定対象期間に本制度の適用を受ける期間がある場合においては、短縮した時間に対応する賞与は支給しない。

給与のほか、介護短時間勤務制度を利用することで、**働かない時間分に対する賞与の取扱いを決めておく**必要があります。

条文では働かない時間分に対応する賞与は支給しないとしていますが、規定例の解説では、以下のような例も示されています。

> **規定例**
> - 賞与は、その算定対象期間に本制度の適用を受ける期間がある場合においては、前項に基づき支給される給与を基礎として算定する。
>   ※給与が勤務時間比例で減額されている場合、賞与はその給与を基礎として通常の算定方法で算定すれば勤務時間比例で減額されていることとなる場合が多い。
> - 賞与は、本制度の適用を理由に減額することはしない。
>   ※成果に基づく賞与の場合、時間比例で減額する必要はない場合も考えられる。

第６項［昇給・退職金の取扱い］

第20条第6項（短時間勤務）

> 6　定期昇給及び退職金の算定に当たっては、本制度の適用を受ける期間は通常の勤務をしているものとみなす。

育児・介護休業法の定めでは、介護短時間勤務制度を３年間利用できるため、本来の所定労働時間や他の従業員よりも短い所定労働時間となる期間が比較的長期にわたることもあります。**制度の利用が長くなると、定期昇給や退職金についても、他の従業員とのバランスを考える必要が出てくることもあります。**

条文では、介護短時間勤務制度を利用している期間について、通常の勤務をしているとみなすことにしていますが、働かない時間分について、算定に入れないことは不利益な取扱いに該当しません。仕組みや管理の方法を含め、実態に沿った取扱いを事前に検討し、規定することが求められます。

なお、当然ながら**短縮されることで働かない時間分を超えて、算定に入れないことは不利益な取扱いになり禁止されています。**

▶フレックスタイム制

フレックスタイム制は規定例には記載がされておらず、また、一般的なフレックスタイム制度の対象者として組み込むことで対応できることも多いため、本書での解説および社内様式の掲載を割愛します。

始業・終業時刻の繰上げ・繰下げの制度

▶第20条（介護のための時差出勤の制度）

第１項［介護時差出勤制度］

第20条第１項（時差出勤）

1　要介護状態にある家族を介護する従業員は、申し出ることにより、当該家族１人当たり利用開始の日から３年の間で２回までの範囲を原則として、就業規則第◯条の始業及び終業の時刻について、以下のように変更することができる。

- 通常勤務＝午前８時30分始業、午後５時30分終業
- 時差出勤A＝午前８時始業、午後５時終業
- 時差出勤B＝午前９時始業、午後６時終業
- 時差出勤C＝午前10時始業、午後７時終業

介護のための所定労働時間の短縮措置等として、始業・終業時刻の繰上げ・繰下げの制度（時差出勤の制度）を導入することもできます。**この時差出勤の制度は、１日の所定労働時間を変えないという点が介護短時間勤務制度とは異なります。**

介護時差出勤制度を導入するときは、**介護休業とは別に、対象家族１人につき、利用開始の日から最低でも３年間、その中で少なくとも２回は利用できる制度とする**ことが必要です。

条文では時差出勤時刻をAからCの３つのパターンに分けて規定していますが、時差を認めるべき時間数やそのパターン数に定めはなく、会社が任意に決めることができます。従業員が仕事と介護の両立をしやすくなる時間帯と、会社が従業員に労務の提供を求めたい時間帯を勘案して決めることができます。

始業時刻と終業時刻は就業規則の絶対的必要記載事項であることから、具体的な時刻を就業規則の一部である育児・介護休業規程等に記載することになります。

第２項［対象者］

第20条第２項（時差出勤）

> ２　本条第１項にかかわらず、日雇従業員からの介護のための時差出勤の制度の申出は拒むことができる。

条文では、日雇従業員のみ時差出勤の申出ができる従業員から除くこととしていますが、「①短時間勤務の制度」と同様に、労使協定の締結により、**入社１年未満の従業員や１週間の所定労働日数が２日以下の従業員からの申出を拒むことができます**（実質的には制度を利用できないことになります）。

第３項［申出方法］

第20条第３項（時差出勤）

> ３　申出をしようとする者は、制度の適用を開始しようとする日及び終了しようとする日並びに時差出勤Ａから時差出勤Ｃのいずれに変更するかを明らかにして、原則として、適用開始予定日の２週間前までに、介護時差出勤申出書（社内様式23）により人事部労務課に申し出なければならない。申出書が提出されたときは、会社は速やかに申出者に対し、介護時差出勤取扱通知書（社内様式24）を交付する。その他適用のための手続等については、第11条から第13条までの規定を準用する。

条文では、時差出勤の制度を利用するときは、適用開始予定日の２週間前までに申出を行い、会社は申出の受領後すみやかに申出の取扱いについて通知することになっています。

しかし、「①短時間勤務の制度」と同様に、申出の方法や、申出をする期限は法令で定められていません。従業員の過度な負担にならないようにする必要がありますが、**書面等での申出により、申出の事実を明確にするとともに、人員配置等を調整する期間も踏まえた申出期限を決める**とよいでしょう。

社内様式例は厚生労働省から公開されていないため、書面等での申出や通知をするのであれば社内様式23（次ページ）の「介護時差出勤申出書」（著者オリジナル）、社内様式24（次ページ）の「介護時差出勤取扱通知書」（著者オリジナル）のようなものが考えられます。

介護時差出勤申出書の例

著者オリジナル様式

社内様式23

介護時差出勤申出書

代表取締役
田中 英男 殿

［申出日］ **202X** 年 **7** 月 **16** 日
［申出者］所属 **システム部**
氏名 **大岩 治雄**

私は、育児・介護休業規程（第20条）に基づき、下記のとおり介護のための時差出勤の申出をします。

記

1 介護のための時差出勤に係る家族の状況	(1) 氏名	**大岩 友也**
	(2) 本人との続柄	**父**
	(3) 介護を必要とする理由	**歩行や衣類の着脱、薬の内服で介助が必要**
2 介護のための時差出勤の期間	**202X** 年 **8** 月 **1** 日から **202X** 年 **12** 月 **31** 日まで	
3 介護のための時差出勤時刻	(・)時差出勤A（午前８時始業、午後５時終業） ・時差出勤B（午前９時始業、午後６時終業） ・時差出勤C（午前10時始業、午後７時終業）	
4 申出に係る状況	(1) 介護のための時差出勤開始予定日の２週間前に申し出て	(いる)・いない→申出が遅れた理由 〔 〕
	(2) １の家族について最初の介護のための時差出勤を開始した年月日、及びこれまでの利用回数	〔最初の開始年月日〕 年 月 日 〔回数〕 **0** 回

介護時差出勤取扱通知書の例

著者オリジナル様式

社内様式24

介護時差出勤取扱通知書

大岩　治雄　殿

202X 年 7 月 20 日
会社名　**株式会社 田中商会**

あなたから 202X 年 7 月 16 日に介護時差出勤の申出がありました。育児・介護休業規程（第20条）に基づき、その取扱いを下記のとおり通知します（ただし、期間の変更の申出があった場合には下記の事項の若干の変更があり得ます。)。

記

1　時差出勤の期間等	• 適正な申出がされていましたので申出どおり 202X 年 8 月 1 日から 202X 年 12 月 31 日まで時差出勤をしてください。 • 申し出た期日が遅かったので時差出勤を開始する日を　　年　　月　　日にしてください。 • あなたは以下の理由により対象者でないので時差出勤をすることはできません。 〔　　〕 • 今回の措置により、介護時差出勤ができる期限は、202A 年 7 月 31 日までで、残り（ 2 ）回になります。
2　時差出勤期間の取扱い等	時差出勤中の勤務時間は次のとおりとなります。 始業（ **午前8** 時 00 分）　終業（ **午後5** 時 00 分） 休憩時間（ 12 時 00 分～午後 1 時 00 分（ 60 分））
3　その他	家族を介護しなくなる等あなたの勤務に重大な変更をもたらす事由が発生したときは、なるべくその日に **総務部** あて電話連絡をしてください。この場合の通常勤務の開始日については、事由発生後 2 週間以内の日を会社と話し合って決定していただきます。

第４項［給与・賞与の取扱い］

第20条第4項（時差出勤）

> 4　本制度の適用を受ける間の給与及び賞与については、通常の勤務をしているものとし減額しない。

介護時差出勤制度は、所定労働時間を変えない制度であるため、給与や賞与について、減額することは想定されません。

ただし、例えば時差出勤の制度を利用することにより、深夜時間帯にかかっている所定労働時間が、深夜時間帯以外となることもあります。このようなケースで**「深夜時間帯に勤務できること」に対し支給する手当をどのように取り扱うか、事前に検討しておく**必要があります。

第５項［昇給・退職金の取扱い］

第20条第5項（時差出勤）

> 5　定期昇給及び退職金の算定に当たっては、本制度の適用を受ける期間は通常の勤務をしているものとみなす。

給与や賞与と同様に、定期昇給や退職金についても、時差出勤の制度が所定労働時間を変えない制度であることを考えれば、**通常の勤務と同様とする**ことが基本の考え方となります。

所定労働時間の短縮措置等について導入する制度を部署ごとに変えてもよいか？

A　どのような制度を導入するかは会社の任意であり、部署ごとに異なる制度を導入して問題ありません。

同じ会社でも、部署や職種によっては、働き方の違いにより介護のための所定労働時間の短縮措置等の中のいずれの制度を導入するか、適切な制度が異なることもあります。また、一部の部署や職種にフレックスタイム制を採用しており、改めて所定労働時間の短縮措置等を導入する必要がないこともあるでしょう。

所定労働時間の短縮措置等は、部署や職種等によって、従業員をいくつかのまとまりに分け、それぞれ異なる措置を設けてもよいとされています。

従業員が利用する介護サービスの費用の助成その他これに準ずる制度

▶第20条（介護サービス利用の費用助成）

第１項［介護サービス費用の助成制度］

第20条第１項（費用助成）

> 1　要介護状態にある家族を介護する従業員は、会社が締結した契約に基づく介護サービス会社による当該家族に係る介護サービス（以下「介護サービス」という。）を利用した際に要した費用について、当該サービスの利用開始の日から３年間、会社から助成を受けることができる。

介護のための所定労働時間の短縮措置等として、従業員が利用する介護サービスの費用の助成その他これに準ずる制度（介護サービス費用の助成制度）を導入することもできます。人員不足等により、短時間勤務制度や時差出勤の制度の導入が困難であったり、従業員の家族の介護における費用面での負担を軽減を支援したりする場合に導入することが考えられます。

短時間勤務制度や時差出勤の制度は、３年間に２回は利用できることが必要でしたが、この**介護サービス費用の助成は利用回数の基準が設けられていません。**

第２項［対象者］

第20条第２項（費用助成）

> ２　本条第１項にかかわらず、日雇従業員は、介護サービス利用の費用助成を受けることができない。

条文では、日雇従業員のみを介護サービス費用の助成が利用できる従業員から除くこととしていますが、「①短時間勤務の制度」と同様に、労使協定の締結により、**入社１年未満の従業員や１週間の所定労働日数が２日以下の従業員の利用はできないこととすることができます。**

第３項［助成額］

第20条第３項（費用助成）

> ３　助成額は、従業員が介護サービスの利用に当たり支払った額の◯分の◯に相当する額とする。助成対象となる介護サービスの利用日数の限度は、年間◯日とする。

介護サービスの具体的な内容の例として、介護保険の利用限度額を超えるサービスとして訪問介護サービス等を利用する場合や、介護保険の給付の対象とならないサービスとして家政婦（夫）による生活援助のサービス等の利用が想定されています。

助成額は、これらの費用について、**従業員の所定労働日１日当たり２時間分について、少なくともその料金の５割に相当する額程度以上が望ましい**と示されています。負担割合や会社が負担すべき絶対額が決まっているわけではありませんが、**見舞金など現実の介護サービスの利用の有無に関わりなく少額の一時金を支給する制度は、介護サービス費用の助成の制度に該当しません。**

条文には助成の上限額について定めていませんので、会社の負担が想定を超える額とならないように検討し、規定することも考えられます。

第４項［申請方法］

第20条第４項（費用助成）

> 4　助成のための申請手続等は、次によるものとする。
> (1)　助成を希望する者は、原則として助成を希望する介護サービスの利用を開始しようとする日の〇日前までに、介護サービス利用費用助成申請書（社内様式25）により人事部労務課に申し出なければならない。
> (2)　介護サービス利用費用助成申請書（社内様式25）が提出されたときは、会社は、速やかに当該介護サービス利用費用助成申請書を提出した者に対する介護サービス利用費用助成の可否を決定し、通知する。
> (3)　その他助成のための申請手続き等については、第11条から第13条までの規定を準用する。

条文では、介護サービス費用の助成を利用するときには「介護サービス利用費用助成申請書」により申し出るとしていますが、手続きの方法は法令で定められていません。そのため**任意で手続き方法を決める**ことができます。

社内様式例は、厚生労働省から公開されていないため、書面等での申請を求めるのであれば社内様式25（次ページ）の「介護サービス利用費用助成申請書」（著者オリジナル）のようなものが考えられます。

また、介護サービス利用費用助成の可否の決定に係る通知書も、厚生労働省から社内様式例が公開されていません。社内様式26（124ページ）の「介護サービス利用費用助成支給決定通知書」（著者オリジナル）のようなものが考えられます。

申出をする期限は法令で定められていないため、会社が助成の可否を判断できるような期間を設けることになります。

介護サービス利用費用助成申請書の例

著者オリジナル様式

社内様式25

介護サービス利用費用助成申請書

代表取締役
田中 英男 殿

［申出日］ **202X** 年 **7** 月 **16** 日
［申出者］所属 **システム部**
氏名 **大岩 治雄**

私は、育児・介護休業規程（第20条）に基づき、下記のとおり介護サービス利用費用助成の申出をします。

記

1 介護サービス利用費用助成に係る家族の状況	(1) 氏名	**大岩 友也**
	(2) 本人との続柄	**父**
	(3) 介護を必要とする理由	**歩行や衣類の着脱、薬の内服で介助が必要**
2 利用期間と利用日数	**202X** 年 **8** 月 **1** 日から **202X** 年 **12** 月 **31** 日まで（ **22** 日間）	
3 助成を受ける介護サービスの内容	※具体的に記載すること **父の自宅に民間のホームヘルパーに来てもらい、家事の代行を依頼**	
4 介護サービスの利用で支払う日額	※ 従業員が支払う１日当たりの予定額を記載（税込） ※ 月極めのサービスは１か月当たり30日で換算 **9,000** 円	
5 申出に係る状況	介護サービス利用開始予定日の○日前に申し出て	(いる)・いない→申出が遅れた理由 〔 〕

※ 利用する介護サービスがわかる資料の写しと、利用額（支払う額）がわかる資料の写しを添付すること。
※ 助成金の支給は特段の指定がない限り、給与を振り込む口座と同一の口座に振り込むものとします。

介護サービス利用費用助成支給決定通知書の例

著者
オリジナル
様式

社内様式26

介護サービス利用費用助成〔(支給)・不支給〕決定通知書

大岩　治雄　　殿

202X 年 7 月 20 日
会社名　株式会社 田中商会

あなたから 202X 年 7 月 16 日に介護サービス利用費用助成の申請がありました。育児・介護休業規程（第20条）に基づき、その決定を下記のとおり通知します。

記

1　助成される期間等	•適正な申出がされていましたので申請どおり 202X 年 8 月 1 日から 202X 年 12 月 31 日まで費用の助成を行います。 •申請した期日が遅かったので費用の助成の対象となる開始日は　　年　　月　　日になります。 •あなたは以下の理由により対象者でないので費用の助成は行われません。 〔　　　　〕 •申請のあった介護サービスは助成対象のサービスではないので費用の助成は行われません。
2　支給する助成額等	支給する助成金の予定額は次のとおりとなります。 1日当たりの助成額　3,000 円 助成する予定日数　22 日
3　その他	家族を介護しなくなる等あなたの勤務に重大な変更をもたらす事由が発生したときは、なるべくその日に　総務部　あてに電話連絡をしてください。

第５項［助成する費用の支給］

第20条第5項（費用助成）

5　助成金の支給は、次によるものとする。

(1)　前項により介護サービス利用費用助成を受けることができる旨の通知を受け、介護サービスを利用した者は、利用した当該サービスに係る当月の支払分について、介護サービス利用報告書（社内様式27）に領収書を添付の上、翌月○日までに人事部労務課に提出するものとする。

(2)　人事部労務課は、前号の介護サービス利用報告書及び領収書を審査の上、当該利用額に係る助成金を口座振込又は現金にて支払うものとする。

介護サービス利用報告書の例

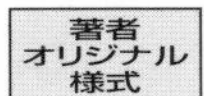

社内様式27

介護サービス利用報告書

代表取締役
田中　英男　殿

［届出日］　202X　年　9　月　7　日
［届出者］所属　**システム部**
氏名　**大岩　治雄**

私は、育児・介護休業規程（第20条）に基づき、下記のとおり介護サービスを利用したことを報告します。

記

1　介護サービス利用費用助成に係る家族の状況	(1)　氏名	**大岩　友也**
	(2)　本人との続柄	**父**
2　利用期間と利用日数	202X　年　8　月　1　日から　202X　年　8　月 31 日まで（　5　日間）	
3　助成を受けた介護サービスの内容	※具体的に記載すること **父宅の家事のためにホームヘルパーを利用**	
4　介護サービスの利用で支払った日額	※　従業員が支払った１日当たりの額を記載（税込） ※　月極めのサービスは１か月当たり30日で換算 45,000　　円（　5　日分）	
5　介護サービス利用費用助成申請書の内容と異なる内容	※申請書通りの場合は記入不要	

※　利用した介護サービスがわかる資料と、利用額（支払った額）がわかる領収書の写しを添付すること。

実際に助成対象となる介護サービスを従業員が利用したときには、会社が従業員に対し助成金を支給することになります。支給に係る細かな定めは育児・介護休業法にないため、**会社ごとに支給するまでの手順を定める**ことが必要です。支給に係る手間の削減を考えるのであれば、給与の振り込みと同時に行うことなどが考えられます。

介護サービスの利用に係る報告書の社内様式例は、厚生労働省から公開されていないため、社内様式27（前ページ）の「介護サービス利用報告書」（著者オリジナル）のようなものが考えられます。

介護サービスの費用の助成以外の「その他これに準ずる制度」はどのようなもの？

A 従業員が利用した費用を助成（支給）するのではなく、会社が主体となって、介護サービスの提供を手配することが想定されています。

介護のための所定労働時間の短縮措置等の４つめは「従業員が利用する介護サービスの費用の助成その他これに準ずる制度」です。

この「これに準ずる制度」というのは、会社が介護サービス事業者とあらかじめ契約しておいて従業員の求めに応じて介護サービスを手配しその費用を負担する制度、介護サービスを提供する施設の設置運営の制度等を指します。

介護サービスを提供する施設の設置運営については、会社が行ったり、他の会社が行ったりすることもありますが、後者については会社がそれに要する費用を負担する等、従業員のための積極的な対応が必要になります。

第10章　育児休業・介護休業等に関するハラスメント等の防止

▶第21条（妊娠・出産・育児休業・介護休業等に関するハラスメント、セクシュアルハラスメント及びパワーハラスメントの禁止）

第１項［ハラスメントの禁止］

第21条第1項

> 1　すべての従業員は妊娠・出産・育児休業・介護休業等に関するハラスメント、セクシュアルハラスメント及びパワーハラスメントを行ってはならない。

育児・介護休業法では、「育児休業、介護休業やその他の制度や措置の利用（利用に関する申出等の言動も含む）について、従業員の就業環境が害されることがないよう、**従業員からの相談に応じ、適切に対応するために必要な体制の整備その他の雇用管理上必要な措置を講じること**」を会社に義務づけています。

当然ながら、上司や同僚が介護休業を取得すること等に関する不適切な言動をすることで、取得や制度を利用する（予定する）従業員の就業環境が害されることのないようにする義務が会社にはあり、また、仮にそのようなことがあったときは適切に対応することが求められます。

第２項［ハラスメント行為者の処分］

第21条第2項

> 2　本条第１項の言動を行ったと認められる従業員に対しては、就業規則第○条及び第△条に基づき、厳正に対処する。

ハラスメントを行った従業員には厳正な対処が必要となるため、行為者については懲戒処分をすることで、社内の秩序や規律を保つことが求められます。ここでは懲戒の内容について就業規則に従うことを前提としています。

規定例の解説では他のケースとして、就業規則に「詳細は育児・介護休業規程により別に定める」としたうえで、育児・介護休業規程において具体的な懲戒の取扱いを定めるとしたものもあります。就業規則やその他の規程とのバランスも踏まえて具体的な規定内容や規定の方法を決定するとよいでしょう。

第11章　その他の事項

▶第22条（給与等の取扱い）

第１項［給与の取扱い］

第22条第1項

> 1　育児・介護休業の期間については、基本給その他の月毎に支払われる給与は支給しない。

介護休業を取得することにより会社が従業員から**労務の提供を受けないときは、その期間について無給として扱うことができます。**

条文は無給であることのみを定めていますが、介護休業を取得するときや介護休業から復帰するときの月給者のいわゆる日割計算の有無やその方法、一時的・臨時的に介護休業中に勤務した場合の給与の計算方法、会社が任意で介護休業の一部を有給とする場合にはその計算方法等、**あいまいになりがちな点も育児・介護休業規程や賃金規程等に規定しておきたい**ものです。

なお、雇用保険に加入している従業員で一定の要件を満たした人には、ハローワークに申請することで介護休業の取得に対して介護休業給付金が支給されます（139ページ以降参照）。介護休業中に給与を支給するときには、給付金が減額されたり、支給されなくなったりすることがあります。

第２項［賞与の取扱い］

第22条第２項

> 2　賞与については、その算定対象期間に育児・介護休業をした期間が含まれる場合には、出勤日数により日割りで計算した額を支給する。

賞与は一般的に賞与額を計算する算定対象期間が設けられています。**算定対象期間に勤務しており、賞与支給日には介護休業中であるときは、少なくとも算定対象期間に勤務した日数に対する賞与について、他の従業員同様、支給する必要があります。**

一方で、賞与支給日には介護休業から復帰していたとしても、算定対象期間の全期間、介護休業等の取得により勤務していない場合には賞与を支給しないことも可能です。事前に、賞与の算定対象期間が明確になっているかを確認し、介護休業を取得した日に関する計算方法を決定のうえ、育児・介護休業規程や賃金規程等に規定しておきましょう。さらに**従業員が介護休業を取得する際に賞与の取扱い（計算方法）を説明しておく**ことも重要です。

第３項［昇給の取扱い］

第22条第3項

> 3　定期昇給は、育児・介護休業の期間中は行わないものとし、育児・介護休業期間中に定期昇給日が到来した者については、復職後に昇給させるものとする。

介護休業期間中に定期昇給の期日が到来することがあります。

介護休業を取得していることを理由として、定期昇給を行わないことは不利益な取扱いとして問題となりますが、**介護休業期間中は無給としていることが多く、実務的な取扱いとしては条文にあるように職場復帰後に定期昇給を個別に行うことが考えられます。**

なお、規定例の解説では、以下のような例も示されています。

> **規定例**
> - 定期昇給は、育児・介護休業の期間中であっても行うものとする。
> - 定期昇給は、育児・介護休業の期間中は行わないものとし、復職後の昇給において休業前の勤務実積を加味し調整する。

第４項［退職金の取扱い］

第22条第4項

> 4　退職金の算定に当たっては、育児・介護休業をした期間を勤務したものとして勤続年数を計算するものとする。

介護休業を取得した期間に対する退職金の取扱いについて、条文では介護休業を取得した期間も退職金を算定する勤続年数に算入するとしていますが、介護休業を取得したことにより、**従業員から労務の提供が行われなかった期間を、勤続年数に算入しないことも可能**です。

規定例の解説では、このほかにも「育児・介護休業前と後の勤続期間は通算するが、育児・介護休業の期間は勤続期間に算入しない」

等の例も示されています。

給与の取扱い同様に**事前に取扱いを決定するとともに、育児・介護休業規程や退職金規程等に規定しておくこと**が必要です。

また、**勤続年数に基づいて退職金を計算するときは、その期間の管理が長期にわたることが多いため、人事に関する履歴を管理する方法も念頭において取扱いを決定したい**ものです。

例えば、退職金は１か月単位で計算するケースが多くみられることから、このようなルールのときには１回ごとの介護休業を取得した期間に１か月未満の端数が出たときの取扱いを決めておくことなども念頭に置きたいものです。

▶第23条（介護休業期間中の社会保険料の取扱い）

第１項［社会保険料の取扱い］

第23条

> 介護休業により給与が支払われない月における社会保険料の被保険者負担分は、各月に会社が納付した額を翌月○日までに従業員に請求するものとし、従業員は会社が指定する日までに支払うものとする。

育児休業期間中は、社会保険料の徴収が免除となる制度がありますが、**介護休業には社会保険料の徴収が免除となる制度はありません。**

会社は、介護休業を取得する前と同様に、従業員が負担する社会保険料を、会社が負担する社会保険料と合わせて納付することになります。一方で、**介護休業を取得することで給与が低額、または無給になり、給与から社会保険料を控除できないことがあります。**

給与から控除できない社会保険をどのように取り扱うかは事前に決めておくべきであり、条文のように毎月、現金での持参や振り込みでの支払いを求めるほか、介護休業の期間が短期の場合には会社が一時的に立て替えておき、介護休業の復帰後に支給する給与から控除する方法も考えられます。

社会保険料のほかに、地方税（住民税）を特別徴収としている場合にも、地方税の取扱いに迷うことがあります。

地方税は給与から控除して納付する方法（特別徴収）ではなく、従業員自身が直接、自治体に納付する普通徴収への切り替えも考えられます。介護休業の取得者が限られる人数であれば、地方税の金額と介護休業の期間によって地方税の納付方法を個別に判断する方法もあるかもしれません。

▶第24条（円滑な取得及び職場復帰支援）

第１項［円滑な取得及び職場復帰支援］

第24条

> 会社は、従業員から本人又は配偶者が妊娠・出産等したこと又は本人が対象家族を介護していることの申出があった場合は、当該従業員に対して、円滑な休業取得及び職場復帰を支援するために、以下⑴⑵の措置を実施する。また、育児休業及び出生時育児休業の申出が円滑に行われるようにするため、⑶の措置を実施する。
>
> ⑴　当該従業員に個別に育児休業に関する制度等（育児休業、出生時育児休業、パパ・ママ育休プラス、その他の両立支援制度、育児休業等の申出先、育児・介護休業給付に関すること、休業期間中の社会保険料の取扱い、育児・介護休業中及び休業後の待遇や労働条件など）の周知及び制度利用の意向確認を実施する。
>
> ⑵　当該従業員ごとに育休復帰支援プラン又は介護支援プランを作成し、同プランに基づく措置を実施する。なお、同プランに基づく措置は、業務の整理・引継ぎに係る支援、育児休業中又は介護休業中の職場に関する情報及び資料の提供など、育児休業又は介護休業等を取得する従業員との面談により把握したニーズに合わせて定め、これを実施する。
>
> ⑶　従業員に対して育児休業（出生時育児休業含む）に係る研修を実施する。

育児休業に関しては、本人または配偶者の妊娠・出産等を申し出た従業員に対し、育児休業等に関する個別周知と意向確認を実施することが義務づけられています。また、例えば従業員に対し育児休業等に関する研修をするといった雇用環境の整備の実施も義務づけられています。

一方、介護休業に関しては、本書を執筆している2023年11月１日時点では、法令でそのような義務づけはありませんが、今後、仕事と介護の両立を支援することを目的として、義務づけがされる可能性があります。

第２号にある「介護支援プランの作成」は義務ではありませんが、介護休業を取得する従業員のみならず、介護休業取得者を送り出す上司や同僚にも仕事と介護の両立の理解を促すうえで効果的なものですので、厚生労働省が公開する**「介護支援プラン」策定マニュアル**（二次元バーコード参照）等を参考に実施することも検討したいものです。

▶第25条（復職後の勤務）

第1項［復帰後の職場・職務の原則］

第25条第1項

> 1　育児・介護休業後の勤務は、原則として、休業直前の部署及び職務とする。

介護休業の復帰後は、原則として原職または原職相当職に復帰させるように配慮することが義務づけられています。

ここでいう「原職相当職」とは、会社における組織の状況、業務配分、その他雇用管理の状況によって異なるものの、一般的に以下の①から③のいずれにも該当することが必要とされています。

> ①介護休業後の職制上の地位が介護休業前より下回っていないこと
> ②介護休業前と介護休業後とで職務内容が異なっていないこと
> ③介護休業前と介護休業後とで勤務する事業所が同一であること

第2項［職場・職務の変更とその通知］

第25条第2項

> 2　本条第1項にかかわらず、本人の希望がある場合及び組織の変更等やむを得ない事情がある場合には、部署及び職務の変更を行うことがある。この場合は、育児休業終了予定日の1か月前、介護休業終了予定日の2週間前までに正式に決定し通知する。

介護休業復帰後は、原職または原職相当職への復帰に配慮することが原則ですが、組織の変更等でやむを得ないときは、原職または原職相当職以外での復帰とせざるを得ないことがあります。

また、従業員が勤務の前後で対象家族の自宅等に寄って介護をする等、介護を継続することが必要なときは、通勤の利便性の高い事業所への配置転換を希望することもあるでしょう。

従業員本人の事情による希望について、会社はその希望に従う必要はありませんが、介護休業復帰後にも必要な支援を行うことを考えると、**介護休業を取得している従業員と事前に復帰後の職務内容や勤務場所の希望を確認し、可能な配慮を考える**ことは重要なのかもしれません。

なお、法令等での通知義務はないものの、復帰後の部署や職務について決定する期日を明らかにし、介護休業前後で変更がない場合も含め、辞令のような形で通知することは、介護休業を取得している従業員にとって復帰に向けた安心感を醸成することになるでしょう。

▶第26条（育児目的休暇）

第26条

1　小学校就学の始期に達するまでの子を養育する従業員（日雇従業員を除く）は、養育のために就業規則第○条に規定する年次有給休暇とは別に、当該子が１人の場合は1年間につき○日、２人以上の場合は１年間につき○日を限度として、育児目的休暇を取得することができる。この場合の１年間とは、４月１日から翌年３月31日までの期間とする。
2　取得しようとする者は、原則として、育児目的休暇申出書（社内様式14）を事前に人事部労務課に申し出るものとする。

第26条は、育児に関することであるため、本書での解説および社内様式の掲載は行いません。

▶第27条（年次有給休暇）

第27条

年次有給休暇の権利発生のための出勤率の算定に当たっては、育児・介護休業をした日は出勤したものとみなす。

労働基準法では、年次有給休暇を付与する出勤率を計算する際、**育児休業および介護休業を取得した日について出勤したものとみなすことになっています。**

一方、**子の看護休暇や介護休暇を取得した日に関する規定はないため、これらの休暇を出勤率を計算する際に出勤したものとみなすかは会社の判断**になります。

▶第28条（法令との関係）

第28条

> 育児・介護休業、子の看護休暇、介護休暇、育児・介護のための所定外労働の制限、育児・介護のための時間外労働及び深夜業の制限並びに所定労働時間の短縮措置等に関して、この規則に定めのないことについては、育児・介護休業法その他の法令の定めるところによる。
>
> （附則）
>
> 本規則は、○年○月○日から適用する。

育児・介護休業規程の内容で**疑義が生じたときには、育児・介護休業法をはじめとした法令に基づき、判断することを規定**したものです。

☞ **育児・介護休業規程の全文は179～198ページにあります！**

chapter 3

介護休業中の収入ってどうなるの？

仕事と介護の両立を支援する
社会保険の手続きを押さえる

介護休業取得時の
社会保険の手続き

03 産休・育休制度と比べると「介護休業の補償」って限定的なんですね……

介護休業の取得を希望する大岩さんは、１か月間の介護休業を取得することになった。取得することで、大岩さんには１か月分の給与が支給されなくなる。総務部の板倉さんは、介護休業中の大岩さんの収入の減少を気になった。

産休や育休には、社会保険料が免除されたり、休業中の収入の補償がありますが、介護休業にもあるのですか？

家族の介護に関する社会保険の制度は、産休・育休のそれと比較するとかなり限定的ね。収入の補償はあっても社会保険料の免除の制度はない。介護休業終了後の月額変更もないの。

え！　ということは、介護休業を取っていても社会保険料は払わないといけないということですか？

介護は家族の要介護度によって介護の必要性も違えば、従業員と一緒に介護ができる人の存在の有無も違うから、私自身の理解としては、育児よりも一般化が難しいし、社会保険の制度を整えることも、正直、大変なことだと思うわ。

育児だとまだ今は「産休取って、育休取って、保育園に預けて復帰して、時短で働く」みたいなイメージが私にはあります。でも、確かに介護って、なんかイメージができない……。

そうね、今後、制度は変わるかもしれないけれど、まずは、今ある仕事と家族の介護の両立を支援する社会保険の制度をしっかりと理解しておきましょう。

介護休業で従業員が休むときは、会社は従業員から労務の提供が受けられないため、原則として**従業員に給与を支払う義務は発生しません**。その間の収入の補償として、従業員は**雇用保険から介護休業給付金を受給**できます。

産休や育休とは異なり、社会保険料の徴収が免除される仕組みはなく、家族の介護をする従業員に対し、**会社が行う社会保険の手続きは雇用保険の介護休業給付金に関連した手続きのみ**となります（下表参照）。

育児休業と介護休業の社会保険制度

○：あり　×：なし

内　容	保　険	産前産後休業	育児休業	介護休業
休業中の社会保険料免除	社会保険	○	○	×
休業中の手当金	社会保険	○	×	×
休業中の給付金	雇用保険	×	○	○
休業終了時の月額変更	社会保険	○	○	×
養育・介護中の標準報酬月額みなし	社会保険	※	※	×

※子どもを養育していれば休業に関係なく適用可能

介護休業給付金［雇用保険］

介護休業を取得し、その期間に給与が支給されなくなったり、低額の給与となったりするときには、雇用保険から介護休業給付金が支給されます。

支給される期間（日数）は、育児・介護休業法で定める介護休業期間と同様、**対象家族１人につき93日までです。なお、介護休業を分けて取得した場合には最大３回に分けて支給されます**（支給日数の上限も通算93日）。

介護休業給付金を受給するためには、介護休業を開始した日の前２年間に、賃金支払基礎日数が11日以上ある月が通算して12か月以上必要です。12か月以上ないときは、賃金の支払いの基礎となった時間数が80時間以上の月を１か月として取り扱うことができます。

なお、雇用保険の被保険者でない従業員は、介護休業を取得しても介護休業給付金の支給対象にならず、介護休業取得時に退職が予定されていたり、確定していたりする従業員は介護休業給付金の支給対象になりません。

介護休業給付金を申請するときには、介護休業開始後に介護休業給付金の金額を決めるための給与額を届出し（**賃金登録**）、その後、介護休業給付金の支給申請の届出を行います（**支給申請**）。申請は会社が行うことが原則であり、会社が申請するときは、これら賃金登録と支給申請を同時に行うこともできます。

介護休業給付金は介護休業を取得した日について支給されます。１日当たりの額は、原則として**介護休業を取得する前６か月間の給与の合計額を180日で割った額（賃金日額）の67％**です。介護休業中に給与が支給される場合には、支給額が減額されたり、支給されなかったりすることがあります。

詳細の手続きは、厚生労働省のホームページで公開されている「雇用保険事務手続きの手引き」（二次元バーコード参照）を参考にするとよいでしょう。

①介護休業給付金の支給額を決める手続き（賃金登録）

様式名	雇用保険被保険者 休業開始時賃金月額証明書（介護）
提出期限	介護休業給付金支給申請書を提出する日まで
提出先	事業所の所在地管轄のハローワーク
添付書類	賃金台帳、出勤簿（タイムカード）、労働者名簿、雇用契約書など

雇用保険被保険者 休業開始時賃金月額証明書の例

雇用保険被保険者 休業開始時賃金月額証明書 ~~所定労働時間短縮開始時賃金証明書~~ (事業主控) (育児・介護)

①被保険者番号	5401-XXXXXX-X	③フリガナ	オオイワハルオ	④休業等を開始した日の年月日	令和0X年 6月 16日
②事業所番号	2302-XXXXXX-X	休業等を開始した者の氏名	大岩 治雄		
⑤名称 事業所所在地 電話番号	株式会社 田中商会 名古屋市中村区・・・ 052-589-XXXX	⑥休業等を開始した者の住所又は居所	〒456-XXXX 名古屋市中川区・・・ 電話番号（090）XXXX － XXXX		
事業主 住所 氏名	名古屋市中村区・・・ 田中 英男				

休業等を開始した日前の賃金支払状況等

⑦休業等を開始した日の前日に離職したとみなした場合の被保険者期間算定対象期間（休業等を開始した日 6月16日）	⑧⑦の期間における賃金支払基礎日数	⑨賃金支払対象期間	⑩⑨の基礎日数	⑪賃金額 Ⓐ	Ⓑ	計	⑫備考
5月16日～休業等を開始した日の前日	31日	5月16日～休業等を開始した日の前日	31日	400,000			
4月16日～5月15日	30日	4月16日～5月15日	30日	400,000			
3月16日～4月15日	31日	3月16日～4月15日	31日	400,000			
2月16日～3月15日	28日	2月16日～3月15日	28日	400,000			
1月16日～2月15日	31日	1月16日～2月15日	31日	400,000			
12月16日～1月15日	31日	12月16日～1月15日	31日	400,000			
11月16日～12月15日	30日	月 日～ 月 日	日				
10月16日～11月15日	31日	月 日～ 月 日	日				
9月16日～10月15日	30日	月 日～ 月 日	日				
8月16日～9月15日	31日	月 日～ 月 日	日				
7月16日～8月15日	31日	月 日～ 月 日	日				
6月16日～7月15日	30日	月 日～ 月 日	日				
月 日～ 月 日	日	月 日～ 月 日	日				
月 日～ 月 日	日	月 日～ 月 日	日				
月 日～ 月 日	日	月 日～ 月 日	日				
月 日～ 月 日	日	月 日～ 月 日	日				

⑬賃金に関する特記事項		休業開始時賃金月額証明書 所定労働時間短縮開始時賃金証明書 受理 令和 年 月 日 （受理番号 号）
⑭（休業開始時における）雇用期間	(イ)定めなし ロ定めあり→令和 年 月 日まで（休業開始日を含めて 年 カ月）	
※公共職業安定所記載欄		

②介護休業給付金を受給するための手続き(支給申請)

様式名	介護休業給付金支給申請書
提出期限	各介護休業終了日（介護休業期間が3か月以上のときは介護休業開始日から3か月経過した日）の翌日から起算して2か月経過する日の属する月の末日まで
提出先	事業所の所在地管轄のハローワーク
添付書類	•賃金台帳、出勤簿(タイムカード)、労働者名簿、雇用契約書など •本人が会社に提出した介護休業申出書 •介護対象家族の氏名・性別・生年月日および被保険者との続柄等がわかる書類の写し（住民票記載事項証明書など）

介護休業を分割取得した場合の賃金日額の計算方法はどうなる?

A 介護休業ごとに賃金日額を算出します。

対象家族1人について介護休業を2回以上に分けて取得することがありますが、休業開始時賃金日額については介護休業ごとに登録します。

そのため、例えば1回目の介護休業を取得後に、介護短時間勤務を取得することで給与額が減るような場合には、2回目の賃金日額は1回目よりも低くなる可能性があります。

なお、休業開始日前2年を遡っても賃金日額が算定できない場合は、直前の介護休業に係る賃金日額を引き続き用いることになっています。

介護休業給付金支給申請書の例

様式第33号の6（第101条の19関係）（第1面）

介護休業給付金支給申請書

（必ず第２面の注意書きをよく読んでから記入してください。）

帳票種別 16601

1.介護休業被保険者の個人番号 1234XXXXXXXX

2.被保険者番号 5401－XXXXXX－X

3.資格取得年月日 4－X40701（3 昭和 4 平成 5 令和）元号 年 月 日

4.被保険者氏名 大岩　治雄　フリガナ（カタカナ） オオイワ ハルオ

5.事業所番号 2302－XXXXXX－X

6.姓（漢字） 大岩

7.名（漢字） 治雄

8.介護休業開始年月日 5－0X0616 元号 年 月 日

9.介護対象家族の個人番号 9876XXXXXXXX

10.介護対象家族の姓（カタカナ） オオイワ

11.介護対象家族の名（カタカナ） トモヤ

12.介護対象家族の性別 1（1 男 2 女）

13.介護対象家族の続柄 2（1 配偶者 2 父母 3 子 4 配偶者の父母 5 祖父母 6 兄弟姉妹 7 孫）

14.介護対象家族の姓（漢字） 大岩

15.介護対象家族の名（漢字） 友也

16.介護対象家族の生年月日 3－X40721（1 明治 4 平成 2 大正 5 令和 3 昭和）元号 年 月 日

17.支給対象期間その１（初日） 5－0X0616－（末日）0715 元号 年 月 日 月 日

18.全日休業日数 30

19.支払われた賃金額 0 円

20.支給対象期間その２（初日）　－　－（末日）元号 年 月 日 月 日

21.全日休業日数

22.支払われた賃金額　円

23.支給対象期間その３（初日）　－　－（末日）元号 年 月 日 月 日

24.全日休業日数

25.支払われた賃金額　円

26.介護休業終了年月日 5－0X0715 元号 年 月 日（介護休業期間が93日未満のとき記入）

27.終了事由 1（1 職場復帰 2 休業事由の消滅）

※公共職業安定所記載欄

28.賃金月額（区分－日額又は総額）　円（1 日額 2 総額）

29.同一対象家族に係る介護休業開始年月日　元号 年 月 日

30.期間雇用者の継続雇用の見込み

31.支払区分

32.金融機関・店舗コード　口座番号

33.未支給区分（空欄 未支給以外 1 未支給）

34.処理区分（空欄 一括処理 1 否認（期間） 2 否認（対象家族） 3 資格確認のみ 4 支給のみ 5 否認（93日超） 6 否認（取得回数））

35.特殊事項（1 チェック不要 2 再開（他の休業の終了） 3 再開（被保険者資格再取得））

（この用紙は、このまま機械で処理しますので、汚さないようにしてください。）

上記被保険者が介護休業を取得し、上記の記載事実に誤りがないことを証明します。

令和 0X 年 7 月 23 日　事業所名（所在地・電話番号） 名古屋市中村区・・・　052-589-XXXX
事業主氏名 田中　英男

雇用保険法施行規則第１０１条の１９の規定により、上記のとおり介護休業給付金の支給を申請します。

令和 0X 年 7 月 20 日　名古屋中 公共職業安定所長 殿
住所 名古屋市中川区・・・
申請者氏名（フリガナ オオイワ ハルオ） 大岩　治雄

払渡希望金融機関指定届	36. 払渡希望金融機関	フリガナ	XX	金融機関コード	店舗コード
		名称	XX銀行（本店・支店）※本店に丸	XXXX	XXX
		銀行等（ゆうちょ銀行以外）	口座番号（普通） 12345XXX		
		ゆうちょ銀行	記号番号（総合） －		

備考	
賃金締切日	15日
賃金支払日	当月（丸）・翌月 25日
通勤手当	有（毎月・3か月・6か月・　）・無（丸）

※処理欄	
支給決定年月日	令和　年　月　日
支給決定額	円
不支給理由	
通知年月日	令和　年　月　日

社会保険労務士記載欄	作成年月日・提出代行者・事務代理者の表示	氏名	電話番号

※所長	次長	課長	係長	係	操作者

2021. 9

法令を上回る介護休業制度がある会社は要注意！

育児・介護休業法の介護休業は対象家族１人につき93日まで取得できますが、例えば最大６か月間等、育児・介護休業法を上回る介護休業期間を設けている会社もあります。介護休業給付金は、育児・介護休業法の介護休業に沿った制度になっており、会社が育児・介護休業法を上回る介護休業期間を設けていても、最大93日しか支給されません。

また、支給申請書の提出期限は、各介護休業終了日（介護休業期間が３か月以上のときは介護休業開始日から３か月を経過した日）の翌日から起算して２か月を経過する日の属する月の末日です。この期限はたとえ会社が育児・介護休業法を上回る期間を介護休業期間として設けていても変更されません。

そのため、下図のように93日を超えて会社の育児・介護休業制度に沿った介護休業を取得しているときには、その介護休業の途中で介護休業給付金の申請を行う必要があることもあります。

６か月間介護休業を取得した場合

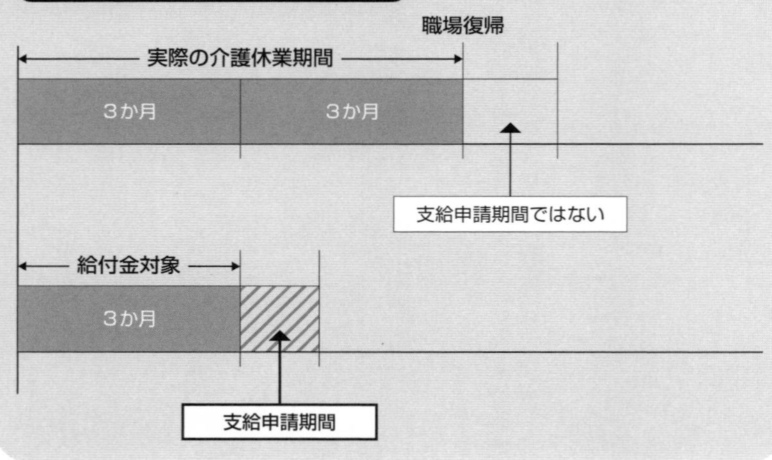

介護休業給付金の手続きは従業員自身でもできるか？

A 会社が申請することが原則ですが、従業員自身でも申請が可能です。
介護休業給付金は従業員に支給される給付金であるため、申請者は従業員になります。そのため、従業員が申請書を作成し、会社が証明を行ったうえで、会社を通じて申請をするということが一般的な流れになります。
ただし、実態としては会社が従業員に代わって申請書の内容を記入し、その内容を従業員が確認したうえで会社が申請をする流れになっていることが大多数だと思います。
いずれにしても申請は会社が行うことが原則ですが、やむを得ない理由のため、会社を通じて申請することが難しい場合や、従業員が自ら申請することを希望する場合には、従業員自身での申請も認められています。

93日を超える介護休業のときに社会保険の被保険者資格は継続できるか？

A 93日を超える介護休業を会社として設けていることがありますが、その場合、職場復帰を予定していること等の要件がそろっていれば、社会保険の被保険者資格は継続できます。
継続できる要件としては、介護休業期間の長さが社会通念上妥当なものであり、介護休業が終了した後は必ず復帰することを前提としていること、そして、介護休業期間中は他社で就労しないことを前提としていること等が必要です。この場合、会社と従業員との間に雇用関係が継続しているものと認められるため社会保険の被保険者資格が継続できます。

chapter 4

御社は説明できている？

仕事と介護の両立を支援する制度を
従業員にわかりやすく説明しよう

制度説明①
従業員向け

04

介護休業を取る従業員に「手引き」を作って配付しましょう！

総務部は、システム部・大岩さんの上司である高橋部長から、「彼は家族の介護をしながら、できるだけこれまでどおりに仕事を続けたいと思っている」と聞いていた。介護休業の制度があることを知っている従業員は一定数いると思われるものの、具体的な内容の理解までは至っていない。そこで“介護離職”を防止するためにも、従業員に配付できる「手引き」を作り周知することにした。

新人
板倉さん

島田さん、大岩さんが１か月間の介護休業を取った後って、どうなるんですかね。すぐお父様の介護が不要になるとは思えないし、他のご家族が介護をされるのかもしれないけど……。
もしかしたら施設に入所させるのかしら。

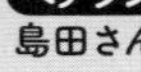

島田さん

そうね、いろいろ気になるわよね。ただ、複数の選択肢がある中で、大岩さんとご家族が決めることになるのよね。もちろん、私たちがそこに積極的に関与する状況も考えられるけど、「ご家族のこと」でもあるのよね。

部長
西村さん

大岩さんが介護休業を取った後は、お姉さんが介護を担われる予定だと高橋部長からは聞いているよ。ただ、お姉さんも仕事をされているようなので、どうなるかはわからない。
今回は、高橋部長と大岩さんがプライベートのことも話せる関係性だったから状況がわかっているものの、総務で「相談窓口」を作って広く話を聞くことができるようにすべきだな。

ベテラン
島田さん

同感です。併せて、従業員が気軽に手にできる「家族の介護に関する手引き」のようなものも作りたいです。従業員が制度を理解し、活用されてこそ制度の価値ですから、一度、まとめてみますね。

仕事と家族の介護の両立を支援する制度は、複数用意されていることもあり、家族の介護をすることになった従業員が法令や会社の制度を理解し、所定の手続きを正確に行うことは、想像以上に難しいものです。

また、従業員が適切な説明を受けないまま家族の介護に関する制度を利用することは、法令の趣旨も含めた本来の意義や会社が決定した方針を伝えることができず、場合によっては「家族の介護をしていること」で会社に制度を超えた配慮を求めるようになるかもしれません。

そのため、**総務担当者には自社の制度を整理しながら、家族の介護に対して会社が用意している制度を従業員にわかりやすく説明することが求められます。**

ここでは、パワーポイントで作成した著者オリジナルの従業員向けの手引きを、総務担当者が一般的に押さえておくべき点を中心に解説します。法令に基づいた内容を、わかりやすさを優先して作成した手引きであることをご理解ください。なお、制度の詳細はchapter 1 ～ 3でご確認いただけます。手引きは、自社の就業規則や育児・介護休業規程、両立支援の方針に合わせてアレンジのうえ、ご利用ください。

表紙

介護休業を取得する従業員は、仕事を休むことへの不安、復帰した後の仕事と家族の介護の両立、介護休業後の家族の介護の方法など、多くの不安を抱いているかと思います。

仕事と介護の両立支援の手引き

～家族を介護するために休みを取り、
職場復帰するために会社がサポートできること～

また、介護休業中は休業取得者自身の給与はなくなることが一般的であるため、収入に関する不安を抱くこともあります。

手引きはそのような不安を解消するものであり、自社の制度について記載していることを伝えておきましょう。

☞ **手引きの全文は199ページ～202ページにあります！**

手引きの目的

家族の介護をすることが必要な状況になることは、すべての従業員にとって起こり得ることです。

この手引きの目的

「年老いた両親について介護が必要になった」というように、家族の介護が必要になる状況は、従業員の誰にでも起こり得ます。そして、介護がいつまで続くのか、仕事と介護を両立させることはできるのかと不安に思うことでしょう。

この手引きでは、その不安や戸惑いを少しでも取り除くために、介護休業を中心に会社がサポートできることをまとめました。手引きを確認し、家族の介護に取り組んでください。

ただし、家族を介護する体制は、従業員やその家族の考えを尊重することが重要であり、仕事と介護の両立ができるように支援することが会社の役割となります。そのために、介護休業等の制度が用意され、会社として制度の整備を行うことが法令で定められています。

家族が介護保険制度の要介護認定を受けることで利用ができる介護サービスもあり、「自分たちだけで介護をする」時代から「さまざまな制度も利用しながら仕事と介護の両立を目指す」時代になっています。会社が用意できる制度をどのように利用してもらうかという視点を持って、会社が従業員に宛てるメッセージを示す必要があります。

上司との情報共有

この手引きは介護休業を取得する従業員に説明することを前提に作成していますが、それ以外にも会社のポータルサイトに掲載することなどにより、家族の介護が近づく従業員をはじめ、多くの従業員が確認したいときに確認できる状況にすることも考えています。

家族の介護の情報は上司と共有を

家族の介護は事故により突発的に必要になるケースのほか、加齢に伴い運動能力や認知機能等が低下することで必要になるケースもあります。

家族の介護が必要になる状況が具体的になるようであれば、早めに上司にその情報の共有をお願いします。

プライベートなことであり、不確定な情報を会社に報告することは避けたいという思いがあるかもしれませんが、会社が適切な支援を行う観点からご協力ください。

chapter 1の「家族介護実態把握調査票」のところでも書いたように、会社は従業員が今後、家族の介護が必要になるのか、必要になったときに、どのように介護をすることを想定しているかを把握することで、従業員に必要になる支援の仕方が異なってきます。

従業員が家族の介護について、どのように考えるかはプライベートなことですが、その情報を上司や会社と共有しておくことで、いざ、従業員が家族の介護をすることになったときに、少しでもスムースに調整できることになります。

そのため、従業員にプライベートなことであっても、特に業務に支障が出る可能性のあることは早めに相談する、相談したほうがよいと理解してもらう必要があります。

介護の相談先

会社は育児・介護休業法に基づき、仕事と家族の介護の両立を支援する制度の導入等を行っています。

従業員に家族の介護が必要になったときは、介護自体に係る相談は、通常、従業員または従業員の家族が**市区町村や地域包括支援センターに行う**ことになります。

> **家族の介護はどこに相談する？**
>
> 自分や家族に介護が必要になったときには、家族が介護を担うだけでなく、介護サービスを受けることも１つです。
>
> 公的な相談機関は、家族が居住する住所地の市区町村や地域包括支援センター（※）になります。
>
> 家族の介護で不安なことがあるときには、早めに相談をするようにしましょう。
>
> ※名称が異なる場合もあります。
>
> 

初めて家族を介護する従業員は、介護の相談をどこにすればよいかわからないこともあるかと思うので、家族に介護が必要となるようなときには相談できる公的機関があることと、早めの相談が望ましいことを案内しておくとよいでしょう。

対象となる家族と要介護状態

育児・介護休業法における各種制度が、家族に介護が必要な状態になったときに利用できるという認識は一般的にあるでしょう。

ただし、その「家族」の範囲や、「介護が必要な状態」がどういうものであるかは理解されていないことも多くあります。特に介護というと高齢の両親のみが対象だと考えたり、介護保険制度の要介護認定を受けていないと制度を利用できないといった、誤った認識を持つこともあるため、会社から従業員に説明をしたいものです。

> **家族の介護が必要な状態とは？**
>
> 「家族を介護する」といったときに、どのようなイメージをするでしょうか？
>
> 会社の「家族の介護に関する支援制度」は、原則として、家族（配偶者、子ども、父母、配偶者の父母、祖父母、兄弟姉妹、孫）が、ケガや病気、心身の障害で２週間以上、常時介護が必要な状態となったときに利用できます。
>
> 行政の要介護認定を受けていなくても、対象となります。
>
> 「常時介護が必要な状態」については、判断基準が定められていますので、次ページで確認します。
>
> 

また、会社が支援する制度を利用できる範囲についても、特に会社が法令を上回ったより広い範囲としているときには、その範囲も明記しておきます。

常時介護が必要な場合の定義

常時介護が必要な状態とは、個別に基準が設けられています。介護保険制度の要介護認定を用いた基準は明確ですが、要介護認定を受けるには申請から一定の時間がかかります。個別に設けられている判断基準も説明に加え、従業員が適切な判断を行うことができるようにします。

常時介護が必要な状態とは？

常時介護が必要な状態とは、以下のいずれかに該当した場合です。

(1) 介護保険制度の要介護状態区分において要介護2以上であること

(2) 次ページの表の状態①～⑫のうち、2が2つ以上または3が1つ以上該当し、かつ、その状態が継続するとき

常時介護を必要とする状態に関する判断基準

項目＼状態	1	2	3
①座位保持（10分間1人で座っていることができる）	自分で可	支えてもらえればできる	できない
②歩行（立ち止まらず、座り込まずに5m程度歩くことができる）	つかまらないでできる	何かにつかまればできる	できない
③移乗（ベッドと車いす、車いすと便座の間を移るなどの乗り移りの動作）	自分で可	一部介助、見守り等が必要	全面的介助が必要
④水分・食事摂取	自分で可	一部介助、見守り等が必要	全面的介助が必要
⑤排泄	自分で可	一部介助、見守り等が必要	全面的介助が必要
⑥衣類の着脱	自分で可	一部介助、見守り等が必要	全面的介助が必要
⑦意思の伝達	できる	ときどきできない	できない
⑧外出すると戻れない	ない	ときどきある	ほとんど毎回ある
⑨物を壊したり衣類を破くことがある	ない	ときどきある	ほとんど毎日ある
⑩周囲の者が何らかの対応をとらなければならないほどの物忘れがある	ない	ときどきある	ほとんど毎日ある
⑪薬の内服	自分で可	一部介助、見守り等が必要	全面的介助が必要
⑫日常の意思決定	できる	本人に関する重要な意思決定はできない	ほとんどできない

証明書の提出

会社は従業員と対象家族の続柄の確認や、対象家族が要介護状態であることの確認等のために、制度利用の申出（請求）時に証明できる各種書類の提出を求めることができます。

証明書の提出を求めることがあります

会社の「家族の介護を支援する制度」を利用する場合には、介護が必要な状態や、家族との関係を証明する書類を提出してもらうことがあります。

なるべく従業員の皆さんの負担にならない書類を考えていますが、社会保険の手続きで必要なこともありますので、ご協力よろしくお願いいたします。

具体的な書類は事案ごとに異なるため、手引きには明記していません。より具体的な内容を追加し、手引きを確認することで必要な書類を準備できるようにすることも考えられます。

介護休業の概要

現在の介護休業は、**通算93日を上限として3回に分割して取得することができます**。ただし、このような**分割して取得できる認識はあまり浸透していません**。長期にわたり介護が必要になることもあり、その中で一定期間、介護に専念することが必要になる時期が複数回来ることもあります。分割して取得することの理解を進め、計画性をもった制度の活用を促したいところです。

家族の介護のために休みたい

家族の介護が必要になったときに、その家族の介護を直接担ったり、仕事と介護の両立に備えた準備をするために「介護休業」を取得することができます。

介護休業は介護が必要となった家族１人につき、93日まで取得できます。93日間をまとめて取得することもできますが、３回に分けて取得することもできます。

【取得の例】

①介護の初期40日間　②介護状態変化時30日間　③介護の終期23日間

介護休業の手続き

従業員が突然介護休業を取得することになると、業務の調整がうまくいかなかったり、周囲の従業員の中から介護休業の取得を快く思わない人が現れたりします。

介護休業を取得するときは早めの申出を

介護休業は一定の長さの休みを想定しているため、業務の調整を行う必要があります。

急に家族の介護が必要になることもあるかもしれませんが、遅くとも介護休業の取得を予定する日の２週間前までに書面で会社に申し出てください。

家族の介護が必要になりそうなときは、可能な範囲で上司に早めに報告をしておくことで、急な介護にも早めの配慮ができるようになります。

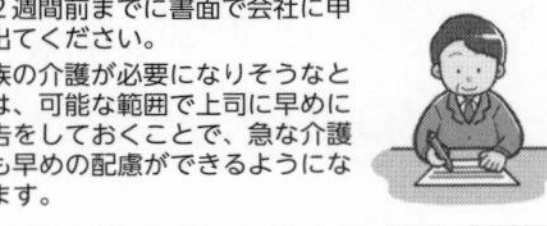

育児・介護休業法では、介護休業は開始予定日より２週間前に申請することで、希望する日より取得できると規定していますが、職場の混乱を避けるためには、家族の介護が必要になるかもしれない実態をなるべく早く上司が把握し、また、取得時も早めに申し出てもらうことが、業務の調整における要となります。

従業員に早めの報告を促しつつ、家族の介護を担うことの多い年代の従業員には、「今後、家族の介護が必要な状況になりそうであれば、事前に伝えてほしい」と声掛けをすることを考えてもよいでしょう。

介護休業中の給与と介護休業給付

介護休業中の給与は無給としている会社が多く見られます。手引きには無給であることのほか、介護休業を取得するときや介護休業から復帰するときの日割計算の方法等、自社の給与の取扱いを記載するとよいでしょう。

介護休業中の給与はこうなります

介護休業を取得している期間は給与が支給されません。その代わりに雇用保険に加入し一定の要件を満たしたときは、雇用保険から「介護休業給付金」が支給されます。

介護休業給付金の支給額は、介護休業を取得する前の給与の額から決められることになっており、休業前の給与のおおよそ67%が支給されます。

雇用保険に加入している従業員には、その所得補償として**雇用保険から介護休業給付金が支給されます。**

介護休業給付金を受給するには、**介護休業の取得前に被保険者期間が少なくとも12か月必要**であり、給付金の額は原則として**介護休業を取得する前6か月間の給与額を、ハローワークに登録することで決まります。**このような支給される要件や支給される金額を追記することも考えられます。

介護休業給付金の申請方法

介護休業給付金は、**1回の介護休業が終了した後に、原則として会社が申請**を行うことで支給されます。

介護休業給付金は申請が必要です

介護休業給付金は、介護休業の終了後（分けて取得するときは1回ごと）に、ハローワークに申請をすることで皆さんの金融機関の口座に現金が振り込まれる仕組みです。

ハローワークへの申請は会社が行い、申請が完了したら支給額の通知書をお渡しします。

申請は介護休業終了後になり、申請から振込まで1週間程度かかるため、事前にご了承ください。

介護休業中に、一時的・臨時的に勤務することで給与が支給されたり、介護休業の一部または全部を有給としていたりするときは減額または不支給になります。このような減額や不支給の**対象になるときは、従業員にあらかじめ説明**して

おきましょう。

なお、介護休業中に賞与が支給されても、介護休業給付金は減額されたり、不支給になることはありません。

介護休業中は収入が途絶えることになるかと思いますので、いつ頃に給付金が支給されるのかを伝えるとともに、申請手続きに基づき支給されることを伝えておくことが重要になります。

介護休業中の社会保険料

介護休業中であっても、会社の社会保険には、継続して加入することになります。介護休業中の給与は無給としている会社が多いものの、**社会保険料（健康保険料・介護保険料・厚生年金保険料）の徴収は免除とならず、社会保険料を会社・従業員ともに負担**する必要があります。

**介護休業中も
社会保険料の負担があります**

介護休業を取得している期間は給与が支給されませんが、会社で加入している社会保険は継続して加入し、従業員の皆さんが負担している社会保険料も介護休業を取得する前と同様に負担することになっています。

社会保険料を給与から天引きできないこともあるため、会社から振り込みのお願いをすることがあります。

産前産後休業や育児休業には、社会保険料の免除制度があるため、介護休業中にも同様の制度があると勘違いしやすくなっています。

介護休業の長さによっては、従業員が負担すべき社会保険料を給与から控除できないこともあるため、そのような場合の自社の取扱いを手引きに記載するとよいでしょう。

介護休暇の概要

仕事と介護の両立を支援する制度は、介護休業だけではありません。介護休暇は**家族の介護のために1時間から時間単位で取得できる制度であり、対象家族が1人の場合には1年に5日、複数の場合には1年に10日取得できます。**

数時間だけ家族の介護をしたい

家族の介護と聞くとまずは「介護休業」を思い浮かべる人も多いかと思います。介護休業は連続した比較的長期の休業が想定されます。

介護休業のほかに、数時間～数日、家族の介護をする必要が出てきたときは、「介護休暇」制度も利用できます。

介護休暇は1時間単位で取得できます。取得できる日数は介護が必要な家族が1人のときは1年に5日、2人以上のときは1年に10日です。

ただし、介護休暇を取得した日は無給で社会保険の制度からの所得補てんはありません。

例えば、他の家族が中心となって介護を担うものの、介護保険制度の要介護認定に関連する手続きをしたり、通院の送迎をしたりするときに取得することが考えられます。

介護休業のように2週間前の申出の要件はなく、介護休業が想定するようなある程度長期の休業ではないため、仕事と介護の両立をする制度としては利用しやすいものです。突発的な休暇の取得になることもあるかもしれませんが、介護休業ほど日数が多くないので、業務への影響も介護休業と比較すると小さいかと思われます。

介護休業と介護休暇の違い

家族の介護が必要になったとき、どの制度を利用するか迷うかもしれません。

特に、介護休業と介護休暇は言葉が似ており、「介護休業」のほうが広く知られているため、家族の介護が必要になったときに「介護休業を取得しよう」と思いつくのみで、

介護休業と介護休暇の違い

介護休業を取るのか、介護休暇を取るのか。2つの違いを比較しています。どのタイミングでどちらの制度を利用するかは、皆さんの選択になります。

	介護休業	介護休暇
家族の状態	要介護状態	要介護状態
取得可能日数	対象家族1人につき通算93日 ※同じ家族について93日を超えて取得することはできない	対象家族が1人のとき……5日/年 対象家族が複数のとき……10日/年
分割取得	3回まで分けて取得できる	1日ずつ（1時間ずつ）取得できる
時間での取得	できない	できる
取得申請期限	2週間前まで	取得直前まで
取得時の給与	無給	無給
所得補てん	介護休業給付金（雇用保険） ※要件を満たした場合のみ	なし

介護休暇の取得を思いつかないのではないかと想像します。

いずれも仕事と介護の両立を支援する制度であり、どちらを先に利用するかは従業員の選択に委ねられています。**2つの違いを示しながら、どのタイミングでどちらの制度を利用するか、従業員が判断できるようにするとよいかもしれません。**

介護短時間勤務

介護短時間勤務は1日の所定労働時間を原則6時間にする制度です。従業員自身が介護の大部分を担うときには、介護休業を取得することが現実的なのかもしれませんが、他の家族と分担したり、介護サービスを利用したりすること等で、他の人の手を借りながら介護をするようなときには、この短時間勤務制度の利用が考えられます。

仕事の時間を短くして
介護の時間に充てたい

介護休業の必要はないけれど、日常的に家族の介護をすることもあるものです。
仕事の時間を短くすることで、介護をする時間を確保し、介護をする時間に充てたいというようなときは、介護短時間勤務の制度が利用できます。
この制度を利用することで、所定労働時間を1日6時間にすることができます。
対象家族1人につき介護短時間勤務の制度の利用開始から3年間利用できます。
なお、制度の利用により短くなる時間に対する給与は支給されません。

会社としても、家族の介護を理由に従業員が退職するといった“介護離職”が防げることを考えると、制度の利用を勧めることが考えられます。

手引きでは短縮となった時間分の給与は支給しないとしています。異なる取扱いのときは、手引きの内容を変更してください。

なお、この制度は16ページにあるように、4つの制度から1つ以上の選択をするものです。介護短時間勤務制度以外を選択している会社では、手引きを自社の選択した制度の内容に変更してください。

制度の詳細は104ページ以降を確認してください。

残業の免除・残業の制限

働き方改革により、社会全体で残業や休日出勤に関する考え方が変わってきているように思いますが、会社は必要なときに残業や休日出勤を命じることができる前提は変わっていません。

介護のために
残業することが難しい

「これまでは残業も休日出勤にも対応できたけれども、家族の介護を始めたこれからは、これまでのようにはいかない」ということがあるでしょう。そのようなときは「所定外労働の制限」の手続きをしてください。

これは会社が、介護をする従業員に対して残業や休日出勤を命じないというものです。介護短時間勤務と同時に手続きすることもできます。

制度の利用は、従業員からの申請に基づくため、必要なときは必ず手続きをしてください。

ただし、家族の介護をしている従業員が請求をしたときには、残業が免除となったり、残業時間を一定の範囲内の時間数にとどめたりする制度が設けられています。

介護のために
残業があまりできない

「残業はできるものの、家族の介護をしているので長い時間の残業は難しい」ということがあるでしょう。そのようなときは「時間外労働の制限」の手続きをしてください。

これは会社が、介護をする従業員に対して命じる残業時間を１か月当たり24時間まで、１年当たり150時間までにするというものです。

制度の利用は、従業員からの申請に基づくため、必要なときは必ず手続きをしてください。

これらの制度は、家族の介護をしている期間であれば、上限なく利用できます。**従業員は「上司や総務担当者に介護の現状を伝えたから残業に配慮してくれるだろう」と思うかもしれませんが、会社としては配慮の要否や配慮のレベルは従業員により異なるものです。**

他の従業員への対応もあるため、特に継続的に配慮が求められるときを中心として、**会社が定める支援制度は手続きを経て、適正に利用すべきこと**を伝える必要があります。

深夜業の制限

家族の状況によっては、24時間の介護が必要になることも考えられます。

例えば昼間は介護サービスを利用することで、仕事ができる従業員も、夜間は第三者に頼らず、自分自身で介護を担うケースもあります。このようなときには22時から翌日５時までの労働が免除される深夜業の制限の制度が利用できます。

しかしながら、**介護が必要な家族と同居する、介護をできる家族がいるようなときは、深夜業の制限の制度の対象にならないこともあります。**総務担当者は、同居する家族などの確認が必要です。

> **深夜は家族の介護が必要**
>
> 夜間には介護サービスの利用が難しく、自分自身で介護を担う必要があることも少なくありません。そのようなときは「深夜業の制限」の手続きをしてください。
>
> これは、会社は介護をする従業員に対して、22時から翌日５時まで働かせることができない、というものです。
>
> 制度の利用は、従業員からの申請に基づくため、必要なときは必ず手続きをしてください。
>
> 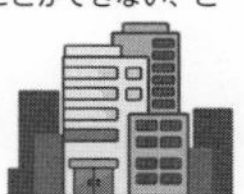

家族の看取りと制度の利用

介護の要否にかかわらず、家族を看取る時期がいずれ訪れるのは当然のことです。仕事と介護の両立を支援する制度は、家族を介護することを前提に作られているものであるた

> **家族を看取ったら・・・**
>
> 介護を続ける中で、ご家族を看取る時期も来ることでしょう。そのときには、感情が目まぐるしく揺さぶられるのではないかと想像します。
> 会社としても看取りにおいて従業員の皆さんの気持ちに寄り添い、支援したいと考えています。
> ただし、家族の介護が終わると、会社が用意している家族の介護に関する制度の利用は終了し、各種手続きが必要な事項も出てきます。
> 気持ちが落ち込んだ中に、会社からの事務手続きの連絡が入ることになるかもしれませんが、ご了承ください。
>
> 

仕事と介護の両立の制度の利用順序

仕事と介護の両立を支援する制度として、育児・介護休業法により複数の制度が用意されています。

制度が利用できる期間や、回数に定めはありますが、どの制度から利用するかの定めはありません。従業員自身が家族に必要な介護を冷静に見極めて、必要なタイミングで必要な制度を利用することが、仕事と介護の両立を実現する１つのポイントだと著者は考えています。

本来は従業員からの申出や請求に基づき、制度の利用が始まるものですが、長期にわたりがちな家族の介護では、ときにはどの制度を利用することが、従業員に、そして、その結果として、会社にとってもよりよい選択になるのかを、従業員とともに考えることも必要になるでしょう。

め、介護をする家族を看取った後に制度の利用はできません。

一方で、当然ながら、家族を失った従業員の喪失感は計り知れないものがあります。多くの企業では、家族が亡くなったときに休暇を付与したり、弔慰金を渡したりしています。手引きには、このような会社の制度を追記することも考えられます。

従業員の気持ちに寄り添いつつも、職場復帰の時期を考える必要があります。また、事務手続きに関する連絡をせざる得ないこともあります。あらかじめ看取りを想定した内容も手引きに必要になるでしょう。

制度を利用した仕事と介護の両立

「上司や同僚に過度に心配をかけたくない」「家族の介護の状況を話すことは恥ずかしいことだ」というような思いから、家族の介護のことを周囲に伝えない・伝えられない従業員も一定数いると想像します。

適切に制度を利用することで
仕事と介護の両立を

家族の介護をしている方は「家族の介護はプライベートなことだから」と職場で公表することをためらうかもしれません。

上司や同僚があなたが家族の介護をしていることを知れば、きっと必要な配慮や手助けをしてくれると会社は考えています。

仕事と介護の両立が少しでもできるように制度を整備しています。可能な範囲で周囲に家族やご自身の状況を伝えるとともに、育児・介護休業規程等を確認して、用意された制度を利用することで仕事と介護の両立に取り組んでください。

ただし、**仕事も家族の介護も周囲の協力を得ないと、従業員本人も周りの人もつらく苦しい思いをし、両方がうまくいかないことになります。**従業員の仕事と介護の両立を支援するためには、職場においても「プライベートなことだから話さない」のではなく、「プライベートなことだけど話す」というような雰囲気づくりや、話せる場づくりも必要なのでしょう。総務担当者は、家族の介護をする従業員の制度の利用や社会保険の手続きだけでなく、可能な範囲で同僚に状況を説明し、周囲の協力を得られるように促すことも必要です。

ハラスメント相談窓口

育児・介護休業法において、従業員から介護休業等の制度の相談や苦情があったときのために、**あらかじめ相談窓口を設置し、従業員に周知することが会社の義務**となっています。

「これってハラスメント?」と感じたら
会社はハラスメント防止に力を入れています。
それでも、悪気なく介護休業等の制度を利用することに対し否定的な発言や態度をする従業員が出てくるかもしれません。

「これってハラスメント？」と感じることがあれば、1人で抱えずに早めに上司に相談したり、相談窓口に連絡してください。

窓口：総務部　●●
(内線：●●　メール：●●.xxx.co.jp)
※秘密は厳守します。

NG

「介護することのたいへんさは、実際に介護をした人でなければわからない」などと耳にすることもあり、上司や同僚が、介護をする従業員に**悪気なく心ない声かけ**をすることがあるかもしれません。

ハラスメントと感じるかは個人差がありますが、小さなことでも相談窓口等に連絡をしてもらうことで、ハラスメントの発生防止につなげ、仮に当事者間に行き違いがあったときには、早めの解消を目指すことができます。

手引きには、自社の具体的なハラスメント窓口を記載してください。

最後に

多くの人が、家族の介護に直面するときが来る時代です。介護が必要な状況や、従業員の家族の関係性は個々に異なり、「仕事と介護の両立支援」ということばではひとくくりにできないこともあります。

> **会社は皆さんの両立を支援します**
>
> 家族の介護は、突発的に必要になる事例のほか、徐々に必要性が出てくる事例もあるかと思います。いずれにしても、当たり前にできていたことができなくなる家族を見て、複雑な思いを抱くことになります。
>
> ときに会社を辞めて家族に寄り添ったほうがよいと思うかもしれません。家族の介護が始まることでたいへんになることも数多くあるでしょう。
>
> ただ、会社としては、皆さんの仕事上のキャリアも積極的に支援したいと考えています。
>
> 制度の詳細で不明な点があれば、別途、ご説明します。いつでもお問い合わせください。
>
> ●年●月
>
> ●●株式会社　総務部

会社としては、まずは**法令に沿った対応を整備し、それが適切に活用されるようにする**ことが必要で、そのうえでさらに両立支援のために会社に何ができるかを考える必要があります。

従業員に手引きを渡すことで、会社が仕事と介護の両立を支援していることが伝わり、従業員がこの会社で働き続けられる、働き続けたいと思うような手引きにしたいものです。

chapter 5

御社は説明できている？

仕事と介護の両立を支援する制度を きちんと理解する管理職を育てよう

制度説明②
管理職向け

05 介護休業等の制度の理解は管理職も必須ですよね！

社内初の介護休業の取得ケースが出たことを受け、社内では介護にまつわる体験や自身の考えを語る人が増えてきていた。そうした発言をするのは、年齢的なこともあり40代以上のミドル層が多く、同時に「介護休業等の制度を部下に質問されても、自分はよくわからない」と話す管理職も少なくなかった。

部長 西村さん

島田さん、板倉さん、今回は大岩さんの家族の介護について、迅速に動いてくれてありがとう。本当に助かったよ。

ベテラン 島田さん

とんでもない。今回、私も仕事と介護の両立について、ゼロから学び直す機会になりました。大岩さんの家族の介護はまだ続くと思うのですが、しっかり支援できる担当者になりたいです。

新人 板倉さん

私も、家族の介護のことはまったく考えたことがなかったのですが、遠方に住む祖母を叔父が介護していると聞きました。身近な問題としてとらえる必要があるなぁ、と感じたところです。

部長 西村さん

そういえば先日、高橋部長と話す機会があって、今回の大岩さんの件も話題になったんだよ。高橋部長、過去に父親を介護することがあったそうだ。そのときは奥さまが献身的に動いたことで、会社の制度を利用するほどは困らなかったものの、ご自身でいろいろ調べたそうだよ。

ベテラン 島田さん

そんなことがあったのですね。それであれば、管理職の方が部下の介護について理解を進めるための「管理職向けの手引き」も作ってみることにしますね。

仕事と介護の両立を支援する制度は複数あり、就業規則（育児・介護休業規程等）でそれらの内容を規定していますが、制度を利用する手続きに関することや、制度運用時の詳細なことの記載も多く、就業規則を読みこなして制度を理解することには、大きなハードルがあるように感じます。

ここではパワーポイントで作成した著者オリジナルの管理職向けの手引きを、総務担当者が一般的に押さえておくべき点を中心に解説します。

本書ではchapter 1 ～ 3 で制度の詳細を解説しているため、手引きの内容にある制度の解説は簡単なものとし、**管理職として理解しておきたいことに重点を置いて解説をします**。手引きには自社の就業規則や育児・介護休業規程、方針に合わせてアレンジの上、ご利用ください。

表紙

従業員が家族の介護を担うということは、会社にとっては従業員から提供される労働力に一定の制約が出るということです。

管理職向け
仕事と介護の両立支援
に関する手引き

～大事な人材に長く働いてもらうために
管理職がやるべきこと～

特に介護休業は最長約３か月間にわたり、従業員が働けない状態になることもあり、業務運営には大きな影響が出ることも予想されます。

共働き世帯が多くなり、女性の労働力の活用を推進している今、「家族の介護は妻に任せて働く」というスタイルから、「男性も女性も家族の介護をしながら働き続ける」というスタイルに変化しつつあります。つまり、**働く人の多くが家族の介護を担う時代**がやってくるといっても過言ではありません。

特に家族の介護を担う世代は、40代～50代のベテラン社員が多くなることが想定されます。それは、会社で重責を担う管理監督者であることもあります。したがって、そうした従業員が家族の介護のために退職することは、会社にとって大きな損失につながりかねないのです。

一定の制約はあっても仕事と介護を両立させることで、働き続けることができ、長年の勤続で培われた、従業員のノウハウを継承し、採用・教育コストを抑制することで、結果的には会社にとってもよいことにつながると思います。

また、家族の介護をする従業員が若手であるときも、仕事と介護を両立させることができれば、会社にとっても重要な戦力になると思います。

☞ **手引きの全文は203ページ～205ページにあります！**

手引きの目的

家族の介護を担っていることを、従業員が自発的に上司に相談することは多くないと考えられます。介護はプライベートなことであり、自分の弱みを露呈するようで恥ずかしいと感じる人もいるようです。

> **この手引きの目的**
>
> 部下から「父親の介護が必要なので退職したい」という申出を受けたとき、あなたは第一声、どのようなことばをかけますか？
>
> もし、その部下が「本当は辞めたくないけど、仕事との両立ができるとは思えない」と漏らしたらどうしますか？
>
> この手引きでは、部下から家族の介護に関する相談を受けたときに上司としてどのような対応ができるかがわかるように、会社の仕事と介護の両立のための制度について説明します。
>
> 

だからこそ、**部下が家族の介護について相談をしてきたときには、親身になってまずは話を聞くことが重要**であり、そこに会社が整備する仕事と介護の両立を支援する制度を理解していることが備わることで、適切なアドバイスができるようになります。

家族の介護に関する相談対応

「家族の介護」というと、従業員の親が加齢に伴う痴ほうや身体機能の低下により介護が必要になる状況を真っ先に思い浮かべます。実際にその介護の目的で各種制度を利用するケースが大半かと思いますが、突発的なケガや病気に伴う機能低下もあり、このケースも一定の要件に該当すれば各種制度の利用対象となります。

> **介護の相談があったときの対応**
>
> 介護を担うことになる従業員の状況はさまざまです。家族が徐々に介護が必要な状態になることもあれば、ケガや病気で突然介護が必要な状態になることもあります。
>
> いずれにしても、家族に介護が必要な状態になることは「以前できていたこと」が「できなくなること」を目の当たりにすることです。従業員の心の中は複雑なものがあると想像されます。
>
> 「ほかに介護をする人はいないのか？」や「施設に入所させるのはどうか？」といった従業員の感情を踏まえない発言は控え、従業員に寄り添った対応が必要です。
>
> 

育児・介護休業法が想定している要介護状態の範囲は広く、状況によっては配偶者や子どもを介護するケースもあり得ます。

具体的には手引きの６、７ページにて、家族の定義や要介護状態の定義を確認しています。

家族の介護に関する確認事項

家族を介護するとき、どのような介護をするかは家族の介護の必要な状態や状況、住んでいる場所、介護を担うことができる他の家族の存在、従業員の介護に対する思い（介護への方針）、施設への入所を考えるときは施設の空き状況等さまざまな要因が絡み合います。

部下からの介護の相談で確認すべき点

部下から家族の介護に関する相談があったとき、部下が自分に相談してくれたことに感謝しつつ、その家族の状況や、他の家族への相談状況、公的機関への相談状況を確認します。

そのうえで、仕事と介護の両立についてどのように考えているのか、仕事（働き方）についてどのような希望を持っているのかを確認します。

部下の希望に沿う対応ができないこともあるかもしれません。そのことを伝えつつも、両立に向けて、できることを一緒に模索していただければと思います。

遠慮なく総務担当者にもご相談ください。

会社が支援できることを確認するために、**上司は部下が話してくれる範囲で、状況をできるだけ詳しく確認しておくことが望まれます。**

上司に必要な相談対応

「上司であれば、部下の相談に解決を示さなければならない」と思っている人もいます。だからこそ、介護の経験をしたことのない上司は、部下から家族の介護に関する相談を受けると戸惑うかもしれません。

必要なことは仕事と介護の両立を支援する相談対応

上司の方の中には、介護をしたことがないので、部下の相談に乗ることができるか不安という方もいるかもしれません。

それでも大丈夫です。上司に必要なことは、仕事と介護の両立を支援する相談対応です。

「家族の介護に関する相談」は市区町村や地域包括支援センター（※）といった公的機関、医師に相談に乗ってもらい、上司の皆さまには仕事と介護の両立について、部下の方と一緒に考えることが必要になります。

※名称が異なる場合もあります。

ただし、**上司に求められることは、介護が必要となった家族の介護に関する相談に乗ることではなく、従業員が仕事と介護を両立できるように支援することであり、その相談に乗り、一緒に考え、実現すること**です。

介護をしたことのない上司にとって、部下から介護の相談をされることは不安があると思われます。必要に応じて総務担当者につないでもらい、一緒に考えることが必要になります。

家族の定義

会社の仕事と介護の両立を支援する制度には、**制度の対象となる従業員の家族の範囲**が定められています。

例えば、「自分しか身寄りがいないので、叔父の介護をしたい」という相談が従業員から寄せられたとしても、原則として制度の対象となる家族の範囲には含まれず、制度を利用できません。

制度の対象となる「家族」とは？

会社が整備する仕事と家族の介護の両立を支援する制度の利用は、家族が要介護状態になったときが対象です。

「家族」の範囲は、原則として、配偶者、子ども、父母、配偶者の父母、祖父母、兄弟姉妹、孫です。

同居の要件はないため、遠方の家族の介護をしたいというときでも他の要件を満たせば制度が利用できます。

会社が任意の制度として対象となる家族の範囲を拡げることは可能ですが、その際は介護休業給付金の支給対象にならないといった留意点もあります。一方で、**会社が支援できる範囲は限られるかもしれませんが、日常業務を行っていくうえで、対象となる家族でない人の介護に関する状況を確認することも重要**になります。

従業員によっては、遠方に住んでいる家族が、介護が必要な状況となり、介護サービスを利用するための環境整備として介護休業を取得すること等もあります。従業員と介護が必要な家族との間に同居や扶養の要件はないため、このようなケースでも介護に関する制度が利用できることを管理職にも理解してもらう必要があります。

要介護状態の定義

仕事と家族の介護の両立を支援する制度を利用できるのは、**家族が要介護状態（2週間以上、常時介護が必要となった状態）となったときです。**

介護保険制度における要介護認定は必ずしも必要ではなく、また、交通事故等のケガで要介護状態になった家族の介護にも制度を利用できます。

> **制度の対象となる「要介護状態」とは？**
>
> 要介護状態とは、ケガや病気、心身の障害で2週間以上、常時介護が必要な状態となったときのことをいい、以下の2つが該当します。
>
> - 行政の要介護認定として、要介護状態区分が要介護2以上のとき
> - 生活において一定の介助が必要なとき
>
> 行政の要介護認定を受けていなくても、対象となることを押さえておきましょう。
>
> 

対象となる家族について「家族の介護が必要になった」という直接的な表現でないときも、実際には要介護状態であり、制度を利用できる可能性があります。家族に生活上の何かしらの支障が生じているときは、その状況を詳しく聞いたほうがよいときもあります。

上司がこうした前提を理解できていると、部下の仕事と介護の両立の支援の幅が広がるかもしれません。

仕事と介護の両立支援制度

仕事と介護の両立を支援する制度は、介護休業のほかにも複数用意されています。このページでは詳細の解説は省略しているため、従業員向けの手引き（199ページ以降）や育児・介護休業規程で確認することができます。管理職にはその旨を伝えるとよいでしょう。

介護に関する制度を理解しておこう

仕事と介護の両立を支援する制度として下表のようなものが用意されています。制度の詳細は、育児・介護休業規程で確認できます。

制度	概要
介護休業	家族を介護するために取得できる休業
介護休暇	家族の介護やその他の世話を行うときに取得できる休暇
所定外労働の制限	家族を介護する従業員が所定労働時間で仕事を終えられる制度（残業なし）
時間外労働の制限	家族を介護する従業員が残業時間を1か月24時間、1年150時間までとすることができる制度
深夜業の制限	家族を介護する従業員が深夜労働をせずに介護に充てられる制度
介護短時間勤務	家族を介護する従業員が所定労働時間を短くすることができる制度

「家族の介護」＝「介護休業の取得」というだけでなく、部下の介護が必要な時間や期間によって「制度を選択できること」を理解しておくことが重要です。

これは、部下から家族の介護に関する相談を受け、配慮を求められたときに、上司が制度があることを知らないことから、「そのような制度はない、配慮できない」といったハラスメントを防止することにもつながります。

制度をどのように利用してもらうか

家族の介護を支援する制度は複数用意されているため、どのタイミングで、どの制度を利用するか、従業員は迷うかもしれません。また、年次有給休暇を取得して介護することもできるため、選択肢はさらに増えます。
制度の利用は、従業員の任意ですが、制度によって、利用できる回数や期間があるため、介護が長期にわたることも想定し、どのタイミングでどの制度を利用するかを考えることが必要です。
家族の介護が優先になるとは思いますが、業務の状況も踏まえ考えられることが、結果的に両立にプラスになるかもしれません。

介護休業の概要

介護休業は、長期にわたり労務の提供が行われなくなることもあることから、部下からの申出があったときに、**業務の調整**の必要性がより高くなるものです。

一方で、介護休業以外の制度を利用することで仕事と介護の両立ができるときもあります。そのためにも、まずは93日を上限に３回に分けて取得できるといった制度の基本的なことを理解し、介護休業の取得目的や活用の仕方を押さえておく必要があります。

介護休業のしくみを理解しておこう

介護休業は、従業員が、家族の介護が必要になったときに、その家族の介護を直接担ったり、介護と仕事の両立に備えた準備をするために取得することができる休業です。

介護が必要となった家族１人につき、93日まで取得できます。93日間をまとめて取得することもできますが、３回に分けて取得することもできます。

【取得の例】

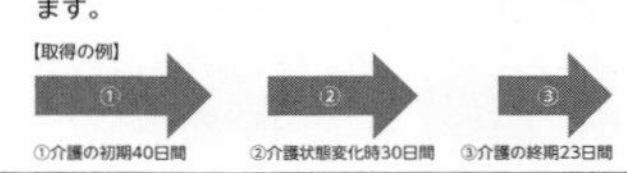

介護休業と社会保険制度

家族が介護が必要な状態になると、その介護に費用が必要になります。そして、介護休業を取得した期間は、多くの会社で無給としているため、介護をする人の収入の低下が課題になることもあります。

介護休業に関する社会保険制度

介護休業中は、会社から給与が支給されなくなりますが、介護休業終了後に手続きをすることで、雇用保険から介護休業給付金が従業員本人に支給されます（受給には一定の要件を満たすことが必要）。

給与が支給されなくなっても、社会保険料（健康保険料・介護保険料・厚生年金保険料）は従業員・会社ともに負担する必要があります。

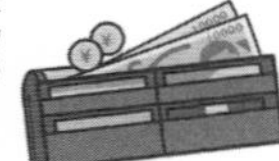

介護休業に対しては、介護休業期間の収入の低下や収入がなくなることへの所得補償として、**雇用保険の介護休業給付金**の制度が用意されています。この介護休業給付金は、介護が必要となった**家族1人につき上限93日**の支給となっているため、会社が93日を超える介護休業の制度を整備し、従業員が取得していたとしても、介護休業給付金は最大93日分しか支給されません。また、このような所得補償は、手引きの８ページの制度の中で介護休業に対してのみとなっています。

このほか、社会保険料について、**産前産後休業や育児休業では、休業期間中の社会保険料の徴収が免除されますが、介護休業にはそのような制度はありません。**

介護休業中は、特に収入面において、部下が厳しい状況に陥ることもあると理解しておくようにしたいものです。

介護休業中の部下への対応

介護休業中に業務の指示や依頼は控えるべきことがわかっていても、職場の状況によっては上司が介護休業を取得している部下に、業務に関する質問をしたり、復帰する時期について尋ねてみたくなることもあるでしょう。

介護休業中の従業員に対し心がけたいこと

介護休業は、家族の介護をするための休みであるため、原則として業務を指示したり依頼したりすることはできません。また、従業員からの業務に関する連絡や報告を求めることも原則できません。必要な事務連絡は総務部から行います。

ただし、同じ会社の一員であることは変わりなく、職場に復帰することを前提に介護休業を取得しています。

職場環境の大きな変化があったときなどは、情報を提供し、共有することが、その後のスムースな職場復帰につながるでしょう。

会社の従業員であることは変わりありませんが、**法令に基づいた休業中であるため、業務に関する指示、依頼、質問は控えるべきです**。介護の合間に少しなら仕事ができるだろうと思っている上司や職場の同僚がいるのであれば、考えを改めてもらう必要があります。

復帰に関しても、上司から尋ねられることで、早めの復帰を促されていると捉えられかねません。**介護休業中の部下とのやり取りは慎重に行うよう、上司に理解してもらうことが必要**です。事務的な手続きは総務担当者が行うとよいでしょう。

一方、職場復帰が前提となる介護休業において、休業期間中の職場の様子がまったくわからないと、復帰に際し不安になる人も出てきます。**職場環境の大きな変化があったときには、例えば電子メールなどで情報を共有する**ことなどで、復帰がスムースになるとともに、職場が自分の復帰を待ってくれているのだという思いも伝わるかもしれません。

介護休業中の勤務

介護休業中に業務に関する指示や依頼は控えるとしつつも、どうしても介護休業中の部下でないとわからないことがあったり、少しの時間でもいいので急ぎの仕事を依頼したいことがあったりします。

介護休業中の従業員に急きょ業務をお願いしたい

介護休業は「休業」のため、介護休業中の従業員に業務を指示したり依頼したりすることはできませんが、万が一、緊急でお願いせざるを得ない業務が発生するときは総務部まで連絡してください。

その業務が介護休業中の従業員にしかできない状態であり、業務を行うことに同意してもらえるときには、一時的・臨時的にお願いできるかもしれません。

このような場合には、**介護休業中の従業員が、家族の介護の手が離れている時間について、業務を引き受けることに同意するのであれば、一時的・臨時的に業務（仕事）を依頼することができます。**

限定的な対応であることを上司が理解するとともに、介護休業を取得する前に、部下に「緊急の場合には業務の相談を行うことがあるかもしれないので、可能であれば協力してほしい」と伝えておくことも１つの方法です。

なお、制度のことや介護休業中の従業員の事情を理解していない者が、上司に断りなく業務の質問をすることも考えられます。手引きには記載していませんが、**介護休業を取得する部下の周囲の従業員に介護休業の意味を伝えることも、大切な上司の役割り**と認識してもらう必要があります。

介護休業からの職場復帰

介護休業の期間が終了すると、**原則、介護休業を取得する前と同じ職場に復帰**します。

ただし、復帰する職場の状況や、復帰する従業員の働き方の希望もあるため、調整が必要なこともあります。上司も含めた周囲の従業員は、介護休業中の従業員の職場復帰を心待ちにしていることもあるため、あらかじめ職場復帰までの流れを上司が理解しておくことも必要です。

また、介護休業の終了は、家族の介護の終了とは限りません。介護短時間勤務等の利用で、その後も仕事と介護の両立の支援が継続して必要になることもあります。そのことも認識してもらうようにします。

介護休業からの職場復帰場所は？

介護休業が終了すると職場復帰をしますが、原則として介護休業を取得する前の職場で、同じ業務をすることになります。

ただし、介護は長期にわたることもあるので、従業員の介護の状況に応じては、より仕事と介護の両立がしやすい職場へ異動を考えることもあります。

介護休業終了前に、総務部で従業員と連絡を取り、職場復帰後の働き方について確認を行い、介護休業取得前の職場の上司に相談しつつ、復帰する職場を判断します。

家族の看取りと休業終了

介護休業の途中等に家族を看取ることもあります。

家族が亡くなったときは、予定されている介護休業の期間の途中であっても介護休業は終了し、また、その他の制度の利用も終了しますが、葬儀をはじめとした各種手続きや心の整理には多くの時間を要することもあります。上司には、**部下に対する継続的な支援と、周囲の従業員への説明、時に業務の調整を担ってもらう**ことになります。

看取りを迎えた従業員のフォロー

家族の介護は悲しいことに看取りで終わることも少なくありません。

介護を担ってきた従業員には、大きな喪失感が生じたり、一方で介護が終わったことに対する一種の安堵感が広がることも想像されます。

看取りで家族の介護は終わっても、その後の葬儀や各種手続き、そして、気持ちの整理まで考えると、すぐに気持ちを切り替えて仕事に専念することはできないかもしれません。

上司の方には当面の間、継続した支援をお願いします。

育児・介護休業規程では、家族の亡くなった日から２週間以内で、会社と従業員本人が話し合いの上決定した日を出勤日とすることになっています。総務担当者も関わりながら、上司とともに従業員の復帰を支援します。

最後に

すでに仕事と介護の両立の支援を課題としている企業もあり、今後も増えていきます。

人手不足が深刻化する現在、働くことに一定の制約が出た従業員が職場を去らざるを得ない会社は、“働く人から選ばれない会社”となり、常に人材不足の負のスパイラルから抜け出せない状況になるかもしれません。

一定の制約のある従業員も活躍できる組織を作るのは簡単ではありませんが、経営者や管理職を中心とした上司の考え方や振る舞いが組織風土を作ります。ぜひ、この手引きを中心に仕事と介護の両立の支援について、必要性や制度の内容を理解してほしいと思っていることを伝えましょう。手引きのまとめには、自社の従業員を支援する会社や総務担当者の思いを込めていただければ幸いです。

**あなたの支援が
会社の発展につながります**

年齢から考えて家族の介護を担うことになるのは、中堅からベテランの従業員が多いものです。もしかしたら、上司であるあなた自身が介護を担っているという状況かもしれません。そして、その状況を会社になかなか伝えられず、実は苦労をしていることもあるかと思います。

会社は、従業員の仕事と介護の両立を適切に支援することで、大切な従業員が働き続けることを選択し、会社の発展に寄与すると考えています。

そのためには日頃、部下と接している上司の皆さまのご協力が欠かせません。ぜひ、会社と一緒に支援していただければと思います。

●年●月

●●株式会社　総務部

※アミかけ（　　）をした文字の部分は会社ごとの状況に合わせて最低限、確認・変更が必要と思われる部分です。

育児・介護休業規程

第１章　目的

（目的）

第１条

本規程は、従業員の育児・介護休業（出生時育児休業含む。以下同じ。）、子の看護休暇、介護休暇、育児・介護のための所定外労働、時間外労働及び深夜業の制限並びに育児・介護短時間勤務等に関する取扱いについて定めるものである。

第２章　育児休業制度

（育児休業の対象者）

第２条

1　育児のために休業することを希望する従業員（日雇従業員を除く）であって、１歳に満たない子と同居し、養育する者は、この規程に定めるところにより育児休業をすることができる。ただし、有期雇用従業員にあっては、申出時点において、子が１歳６か月（本条第６項又は第７項の申出にあっては２歳）に達する日までに労働契約期間が満了し、更新されないことが明らかでない者に限り育児休業をすることができる。

2　本条第１項、第３項から第７項にかかわらず、労使協定により除外された次の従業員からの休業の申出は拒むことができる。

一　入社１年未満の従業員

二　申出の日から１年（本条第４項から第７項の申出にあっては６か月）以内に雇用関係が終了することが明らかな従業員

三　１週間の所定労働日数が２日以下の従業員

3　配偶者が従業員と同じ日から又は従業員より先に育児休業又は出生時育児休業をしている場合、従業員は、子が１歳２か月に達するまでの間で、出生日以後の産前・産後休業期間、育児休業期間及び出生時育児休業期間との合計が１年を限度として、育児休業をすることができる。

4　次のいずれにも該当する従業員は、子が１歳６か月に達するまでの間で必要な日数について育児休業をすることができる。なお、育児休業を開始しようとする日は、原則として子の１歳の誕生日に限るものとする。ただし、配偶者が育児・介護休業法第５条第３項（本項）に基づく休業を子の１歳の誕生日から開始する場合は、配偶者の育児休業終了予定日の翌日以前の日を開始日とすることができる。

イ　従業員又は配偶者が原則として子の１歳の誕生日の前日に育児休業をしていること

ロ　次のいずれかの事情があること

(ア)　保育所等に入所を希望しているが、入所できない場合

(イ)　従業員の配偶者であって育児休業の対象となる子の親であり、1歳以降育児に当たる予定であった者が、死亡、負傷、疾病等の事情により子を養育することが困難になった場合

ハ　子の1歳の誕生日以降に本項の休業をしたことがないこと

5　前項にかかわらず、産前・産後休業、出生時育児休業、介護休業又は新たな育児休業が始まったことにより本条第1項又は第4項に基づく休業（配偶者の死亡等特別な事情による3回目以降の休業を含む）が終了し、終了事由である産前・産後休業等に係る子又は介護休業に係る対象家族が死亡等した従業員は、子が1歳6か月に達するまでの間で必要な日数について育児休業をすることができる。

6　次のいずれにも該当する従業員は、子が2歳に達するまでの間で必要な日数について育児休業をすることができる。なお、育児休業を開始しようとする日は、原則として子の1歳6か月の誕生日応当日に限るものとする。ただし、配偶者が育児・介護休業法第5条第4項（本項）に基づく休業を子の1歳6か月の誕生日応当日から開始する場合は、配偶者の育児休業終了予定日の翌日以前の日を開始日とすることができる。

イ　従業員又は配偶者が子の1歳6か月の誕生日応当日の前日に育児休業をしていること

ロ　次のいずれかの事情があること

(ア)　保育所等に入所を希望しているが、入所できない場合

(イ)　従業員の配偶者であって育児休業の対象となる子の親であり、1歳6か月以降育児に当たる予定であった者が、死亡、負傷、疾病等の事情により子を養育することが困難になった場合

ハ　子の1歳6か月の誕生日応当日以降に本項の休業をしたことがないこと

7　前項にかかわらず、産前・産後休業、出生時育児休業、介護休業又は新たな育児休業が始まったことにより本条第1項、第4項、第5項又は第6項に基づく休業が終了し、終了事由である産前・産後休業等に係る子又は介護休業に係る対象家族が死亡等した従業員は、子が2歳に達するまでの間で必要な日数について育児休業をすることができる。

（育児休業の申出の手続等）

第3条

1　育児休業をすることを希望する従業員は、原則として育児休業を開始しようとする日（以下「育児休業開始予定日」という。）の1か月前（第2条第4項から第7項に基づく1歳及び1歳6か月を超える休業の場合は、2週間前）までに育児休業申出書（社内様式1）を人事部労務課に提出することにより申し出るものとする。なお、育児休業中の有期雇用従業員が労働契約を更新するに当たり、引き続き休業を希望する場合には、更新された労働契約期間の初日を育児休業開始予定日として、育児休業申出書により再度の申出を行う

ものとする。

2　第2条第1項に基づく休業の申出は、次のいずれかに該当する場合を除き、一子につき2回までとする。

(1)　第2条第1項に基づく休業をした者が本条第1項後段の申出をしようとする場合

(2)　配偶者の死亡等特別の事情がある場合

3　第2条第4項に基づく休業の申出は、次のいずれかに該当する場合を除き、一子につき1回限りとする。

(1)　第2条第4項又は第5項に基づく休業をした者が本条第1項後段の申出をしようとする場合

(2)　産前・産後休業、出生時育児休業、介護休業又は新たな育児休業が始まったことにより第2条第1項、第4項又は第5項に基づく育児休業が終了したが、終了事由である産前・産後休業等に係る子又は介護休業に係る対象家族が死亡等した場合

4　第2条第6項に基づく休業の申出は、次のいずれかに該当する場合を除き、一子につき1回限りとする。

(1)　第2条第6項又は第7項に基づく休業をした者が本条第1項後段の申出をしようとする場合

(2)　産前・産後休業、出生時育児休業、介護休業又は新たな育児休業が始まったことにより第2条第1項、第4項、第5項、第6項又は第7項に基づく育児休業が終了したが、終了事由である産前・産後休業等に係る子又は介護休業に係る対象家族が死亡等した場合

5　会社は、育児休業申出書を受け取るに当たり、必要最小限度の各種証明書の提出を求めることがある。

6　育児休業申出書が提出されたときは、会社は速やかに当該育児休業申出書を提出した者（以下この章において「育休申出者」という。）に対し、育児休業取扱通知書（社内様式2）を交付する。

7　申出の日後に申出に係る子が出生したときは、育休申出者は、出生後2週間以内に人事部労務課に育児休業対象児出生届（社内様式3）を提出しなければならない。

（育児休業の申出の撤回等）

第4条

1　育休申出者は、育児休業開始予定日の前日までは、育児休業申出撤回届（社内様式4）を人事部労務課に提出することにより、育児休業の申出を撤回することができる。

2　育児休業申出撤回届が提出されたときは、会社は速やかに当該育児休業申出撤回届を提出した者に対し、育児休業取扱通知書（社内様式2）を交付する。

3　第2条第1項に基づく休業の申出の撤回は、撤回1回につき1回休業したものとみなす。第2条第4項又は第5項及び第6項又は第7項に基づく休業の申出を撤回した者は、特別

の事情がない限り同一の子については再度申出をすることができない。ただし、第２条第１項に基づく休業の申出を撤回した者であっても、同条第４項又は第５項及び第６項又は第７項に基づく休業の申出をすることができ、第２条第４項又は第５項に基づく休業の申出を撤回した者であっても、同条第６項又は第７項に基づく休業の申出をすることができる。

4　育児休業開始予定日の前日までに、子の死亡等により育休申出者が休業申出に係る子を養育しないこととなった場合には、育児休業の申出はされなかったものとみなす。この場合において、育休申出者は、原則として当該事由が発生した日に、人事部労務課にその旨を通知しなければならない。

（育児休業の期間等）

第５条

1　育児休業の期間は、原則として、子が１歳に達するまで（第２条第３項から第７項に基づく休業の場合は、それぞれ定められた時期まで）を限度として育児休業申出書（社内様式１）に記載された期間とする。

2　本条第１項にかかわらず、会社は、育児・介護休業法の定めるところにより育児休業開始予定日の指定を行うことができる。

3　従業員は、育児休業期間変更申出書（社内様式５）により人事部労務課に、育児休業開始予定日の１週間前までに申し出ることにより、育児休業開始予定日の繰り上げ変更を、また、育児休業を終了しようとする日（以下「育児休業終了予定日」という。）の１か月前（第２条第４項から第７項に基づく休業をしている場合は、２週間前）までに申し出ることにより、育児休業終了予定日の繰り下げ変更を行うことができる。

育児休業開始予定日の繰り上げ変更及び育児休業終了予定日の繰り下げ変更とも、原則として第２条第１項に基づく休業１回につき１回に限り行うことができるが、第２条第４項から第７項に基づく休業の場合には、第２条第１項に基づく休業とは別に、子が１歳から１歳６か月に達するまで及び１歳６か月から２歳に達するまでの期間内で、それぞれ１回、育児休業終了予定日の繰り下げ変更を行うことができる。

4　育児休業期間変更申出書が提出されたときは、会社は速やかに当該育児休業期間変更申出書を提出した者に対し、育児休業取扱通知書（社内様式２）を交付する。

5　次の各号に掲げるいずれかの事由が生じた場合には、育児休業は終了するものとし、当該育児休業の終了日は当該各号に掲げる日とする。

(1)　子の死亡等育児休業に係る子を養育しないこととなった場合

当該事由が発生した日（なお、この場合において本人が出勤する日は、事由発生の日から２週間以内であって、会社と本人が話し合いの上決定した日とする。）

(2)　育児休業に係る子が１歳に達した場合等

子が１歳に達した日（第２条第３項に基づく休業の場合を除く。第２条第４項又は第

5項に基づく休業の場合は、子が1歳6か月に達した日。第2条第6項又は第7項に基づく休業の場合は、子が2歳に達した日。）

⑶　育休申出者について、産前・産後休業、出生時育児休業、介護休業又は新たな育児休業期間が始まった場合

産前・産後休業、出生時育児休業、介護休業又は新たな育児休業の開始日の前日

⑷　第2条第3項に基づく休業において、出生日以後の産前・産後休業期間と育児休業（出生時育児休業含む）期間との合計が1年に達した場合

当該1年に達した日

6　本条第5項第1号の事由が生じた場合には、育休申出者は原則として当該事由が生じた日に人事部労務課にその旨を通知しなければならない。

（出生時育児休業の対象者）

第6条

1　育児のために休業することを希望する従業員（日雇従業員を除く）であって、産後休業をしておらず、子の出生日又は出産予定日のいずれか遅い方から8週間以内の子と同居し、養育する者は、この規則に定めるところにより出生時育児休業をすることができる。ただし、有期雇用従業員にあっては、申出時点において、子の出生日又は出産予定日のいずれか遅い方から8週間を経過する日の翌日から6か月を経過する日までに労働契約期間が満了し、更新されないことが明らかでない者に限り、出生時育児休業をすることができる。

2　前項にかかわらず、労使協定により除外された次の従業員からの休業の申出は拒むことができる。

一　入社1年未満の従業員

二　申出の日から8週間以内に雇用関係が終了することが明らかな従業員

三　1週間の所定労働日数が2日以下の従業員

（出生時育児休業の申出の手続等）

第7条

1　出生時育児休業をすることを希望する従業員は、原則として出生時育児休業を開始しようとする日（以下「出生時育児休業開始予定日」という。）の2週間前【雇用環境整備の取組実施について労使協定を締結している場合は2週間超1か月以内で、労使協定で定める期限を記載する】までに出生時育児休業申出書（社内様式1）を人事部労務課に提出することにより申し出るものとする。なお、出生時育児休業中の有期雇用従業員が労働契約を更新するに当たり、引き続き休業を希望する場合には、更新された労働契約期間の初日を出生時育児休業開始予定日として、出生時育児休業申出書により再度の申出を行うものとする。

2　第6条第1項に基づく休業の申出は、一子につき2回に分割できる。ただし、2回に分

割する場合は２回分まとめて申し出ることとし、まとめて申し出なかった場合は後の申出を拒む場合がある。

3　会社は、出生時育児休業申出書を受け取るに当たり、必要最小限度の各種証明書の提出を求めることがある。

4　出生時育児休業申出書が提出されたときは、会社は速やかに当該出生時育児休業申出書を提出した者（以下この章において「出生時育休申出者」という。）に対し、出生時育児休業取扱通知書（社内様式２）を交付する。

5　申出の日後に申出に係る子が出生したときは、出生時育休申出者は、出生後２週間以内に人事部労務課に出生時育児休業対象児出生届（社内様式３）を提出しなければならない。

（出生時育児休業の申出の撤回等）

第８条

1　出生時育休申出者は、出生時育児休業開始予定日の前日までは、出生時育児休業申出撤回届（社内様式４）を人事部労務課に提出することにより、出生時育児休業の申出を撤回することができる。

2　出生時育児休業申出撤回届が提出されたときは、会社は速やかに当該出生時育児休業申出撤回届を提出した者に対し、出生時育児休業取扱通知書（社内様式２）を交付する。

3　第６条第１項に基づく休業の申出の撤回は、撤回１回につき１回休業したものとみなし、みなし含め２回休業した場合は同一の子について再度申出をすることができない。

4　出生時育児休業開始予定日の前日までに、子の死亡等により出生時育休申出者が休業申出に係る子を養育しないこととなった場合には、出生時育児休業の申出はされなかったものとみなす。この場合において、出生時育休申出者は、原則として当該事由が発生した日に、人事部労務課にその旨を通知しなければならない。

（出生時育児休業の期間等）

第９条

1　出生時育児休業の期間は、原則として、子の出生後８週間以内のうち４週間（28日）を限度として出生時育児休業申出書（社内様式１）に記載された期間とする。

2　本条第１項にかかわらず、会社は、育児・介護休業法の定めるところにより出生時育児休業開始予定日の指定を行うことができる。

3　従業員は、出生時育児休業期間変更申出書（社内様式５）により人事部労務課に、出生時育児休業開始予定日の１週間前までに申し出ることにより、出生時育児休業開始予定日の繰り上げ変更を休業１回につき１回、また、出生時育児休業を終了しようとする日（以下「出生時育児休業終了予定日」という。）の２週間前までに申し出ることにより、出生時育児休業終了予定日の繰り下げ変更を休業１回につき１回行うことができる。

4　出生時育児休業期間変更申出書が提出されたときは、会社は速やかに当該出生時育児休業期間変更申出書を提出した者に対し、出生時育児休業取扱通知書（社内様式２）を交付する。

5　次の各号に掲げるいずれかの事由が生じた場合には、出生時育児休業は終了するものとし、当該出生時育児休業の終了日は当該各号に掲げる日とする。

(1)　子の死亡等出生時育児休業に係る子を養育しないこととなった場合
　当該事由が発生した日（なお、この場合において本人が出勤する日は、事由発生の日から２週間以内であって、会社と本人が話し合いの上決定した日とする。）

(2)　子の出生日の翌日又は出産予定日の翌日のいずれか遅い方から８週間を経過する場合
　子の出生日の翌日又は出産予定日の翌日のいずれか遅い方から８週間を経過する日

(3)　子の出生日（出産予定日後に出生した場合は、出産予定日）以後に出生時育児休業の日数が28日に達した場合
　子の出生日（出産予定日後に出生した場合は、出産予定日）以後に出生時育児休業の日数が28日に達した日

(4)　出生時育休申出者について、産前・産後休業、育児休業、介護休業又は新たな出生時育児休業期間が始まった場合
　産前・産後休業、育児休業、介護休業又は新たな出生時育児休業の開始日の前日

6　本条第５項第１号の事由が生じた場合には、出生時育休申出者は原則として当該事由が生じた日に人事部労務課にその旨を通知しなければならない。

※出生時育児休業中の就業を可能とする例

（出生時育児休業中の就業）

第９条の２

1　出生時育児休業中に就業することを希望する従業員は、出生時育児休業中の就業可能日等申出書（社内様式15）を休業開始予定日の１週間前までに人事部労務課に提出すること。なお、１週間を切っても休業前日までは提出を受け付ける。

2　会社は、前項の申出があった場合は、申出の範囲内の就業日等を申出書を提出した従業員に対して提示する（社内様式17）。就業日がない場合もその旨通知する。従業員は提示された就業日等について、出生時育児休業中の就業日等の同意・不同意書（社内様式18）を人事部労務課に提出すること。休業前日までに同意した場合に限り、休業中に就業することができる。会社と従業員の双方が就業日等に合意したときは、会社は速やかに出生時育児休業中の就業日等通知書（社内様式20）を交付する。

3　出生時育児休業中の就業上限は、次のとおりとする。

一　就業日数の合計は、出生時育児休業期間の所定労働日数の半分以下（一日未満の端数切り捨て）

二　就業日の労働時間の合計は、出生時育児休業期間の所定労働時間の合計の半分以下

三　出生時育児休業開始予定日又は出生時育児休業終了予定日に就業する場合は、当該日

の所定労働時間数に満たない時間

4　本条第1項の申出を変更する場合は出生時育児休業中の就業可能日等変更申出書（社内様式15）を、撤回する場合は出生時育児休業中の就業可能日等申出撤回届（社内様式16）を休業前日までに人事部労務課に提出すること。就業可能日等申出撤回届が提出された場合は、会社は速やかに申出が撤回されたことを通知する（社内様式17）。

5　本条第2項で同意した就業日等を全部又は一部撤回する場合は、出生時育児休業中の就業日等撤回届（社内様式19）を休業前日までに人事部労務課に提出すること。出生時育児休業開始後は、次に該当する場合に限り、同意した就業日等の全部又は一部を撤回することができる。出生時育児休業中の就業日等撤回届が提出されたときは、会社は速やかに出生時育児休業中の就業日等通知書（社内様式20）を交付する。

一　出生時育児休業申出に係る子の親である配偶者の死亡

二　配偶者が負傷、疾病又は身体上若しくは精神上の障害その他これらに準ずる心身の状況により出生時育児休業申出に係る子を養育することが困難な状態になったこと

三　婚姻の解消その他の事情により配偶者が出生時育児休業申出に係る子と同居しないこととなったこと

四　出生時育児休業申出に係る子が負傷、疾病又は身体上若しくは精神上の障害その他これらに準ずる心身の状況により、2週間以上の期間にわたり世話を必要とする状態になったとき

第3章　介護休業制度

（介護休業の対象者）

第10条

1　要介護状態にある家族を介護する従業員（日雇従業員を除く）は、この規程に定めるところにより介護休業をすることができる。ただし、有期雇用従業員にあっては、申出時点において、介護休業を開始しようとする日（以下、「介護休業開始予定日」という。）から93日経過日から6か月を経過する日までに労働契約期間が満了し、更新されないことが明らかでない者に限り介護休業をすることができる。

2　本条第1項にかかわらず、労使協定により除外された次の従業員からの休業の申出は拒むことができる。

一　入社1年未満の従業員

二　申出の日から93日以内に雇用関係が終了することが明らかな従業員

三　1週間の所定労働日数が2日以下の従業員

3　この要介護状態にある家族とは、負傷、疾病又は身体上若しくは精神上の障害により、2週間以上の期間にわたり常時介護を必要とする状態にある次の者をいう。

(1)　配偶者

(2) 父母
(3) 子
(4) 配偶者の父母
(5) 祖父母、兄弟姉妹又は孫
(6) 上記以外の家族で会社が認めた者

(介護休業の申出の手続等)
第11条
1　介護休業をすることを希望する従業員は、原則として介護休業開始予定日の２週間前までに、介護休業申出書（社内様式６）を人事部労務課に提出することにより申し出るものとする。なお、介護休業中の有期雇用従業員が労働契約を更新するに当たり、引き続き休業を希望する場合には、更新された労働契約期間の初日を介護休業開始予定日として、介護休業申出書により再度の申出を行うものとする。
2　申出は、対象家族１人につき３回までとする。ただし、本条第１項の後段の申出をしようとする場合にあっては、この限りでない。
3　会社は、介護休業申出書を受け取るに当たり、必要最小限度の各種証明書の提出を求めることがある。
4　介護休業申出書が提出されたときは、会社は速やかに当該介護休業申出書を提出した者(以下この章において「申出者」という。)に対し、介護休業取扱通知書（社内様式２）を交付する。

(介護休業の申出の撤回等)
第12条
1　申出者は、介護休業開始予定日の前日までは、介護休業申出撤回届（社内様式４）を人事部労務課に提出することにより、介護休業の申出を撤回することができる。
2　介護休業申出撤回届が提出されたときは、会社は速やかに当該介護休業申出撤回届を提出した者に対し、介護休業取扱通知書（社内様式２）を交付する。
3　同一対象家族について２回連続して介護休業の申出を撤回した者について、当該家族について再度の申出はすることができない。ただし、会社がこれを適当と認めた場合には、申し出ることができるものとする。
4　介護休業開始予定日の前日までに、申出に係る家族の死亡等により申出者が家族を介護しないこととなった場合には、介護休業の申出はされなかったものとみなす。この場合において、申出者は、原則として当該事由が発生した日に、人事部労務課にその旨を通知しなければならない。

（介護休業の期間等）

第13条

1　介護休業の期間は、対象家族１人につき、原則として、通算93日の範囲内で、介護休業申出書（社内様式６）に記載された期間とする。

2　本条第１項にかかわらず、会社は、育児・介護休業法の定めるところにより介護休業開始予定日の指定を行うことができる。

3　従業員は、介護休業期間変更申出書（社内様式５）により、介護休業を終了しようとする日（以下「介護休業終了予定日」という。）の２週間前までに人事部労務課に申し出ることにより、介護休業終了予定日の繰下げ変更を行うことができる。

この場合において、介護休業開始予定日から変更後の介護休業終了予定日までの期間は通算93日の範囲を超えないことを原則とする。

4　介護休業期間変更申出書が提出されたときは、会社は速やかに当該介護休業期間変更申出書を提出した者に対し、介護休業取扱通知書（社内様式２）を交付する。

5　次の各号に掲げるいずれかの事由が生じた場合には、介護休業は終了するものとし、当該介護休業の終了日は当該各号に掲げる日とする。

(1)　家族の死亡等介護休業に係る家族を介護しないこととなった場合

当該事由が発生した日（なお、この場合において本人が出勤する日は、事由発生の日から２週間以内であって、会社と本人が話し合いの上決定した日とする。）

(2)　申出者について、産前・産後休業、育児休業、出生時育児休業又は新たな介護休業が始まった場合

産前・産後休業、育児休業、出生時育児休業又は新たな介護休業の開始日の前日

6　本条第５項第１号の事由が生じた場合には、申出者は原則として当該事由が生じた日に人事部労務課にその旨を通知しなければならない。

第４章　子の看護休暇

（子の看護休暇）

第14条

1　小学校就学の始期に達するまでの子を養育する従業員（日雇い従業員を除く）は、負傷し、又は疾病にかかった当該子の世話をするために、又は当該子に予防接種や健康診断を受けさせるために、就業規則第○条に規定する年次有給休暇とは別に、当該子が１人の場合は１年間につき５日、２人以上の場合は１年間につき10日を限度として、子の看護休暇を取得することができる。この場合の１年間とは、４月１日から翌年３月31日までの期間とする。ただし、事業主は労使協定によって除外された次の従業員からの看護休暇の申出を拒むことができる。

一　入社６か月未満の従業員

二　１週間の所定労働日数が２日以下の従業員

2　子の看護休暇は、時間単位で始業時刻から連続又は終業時刻まで連続して取得することができる。

3　取得しようとする者は、原則として、子の看護休暇申出書（社内様式７）を事前に人事部労務課に申し出るものとする。

4　本制度の適用を受ける間の給与については、別途定める給与規定に基づく労務提供のなかった時間分に相当する額を控除した額を支給する。

5　賞与については、その算定対象期間に本制度の適用を受ける期間がある場合においては、労務提供のなかった時間に対応する賞与は支給しない。

6　定期昇給及び退職金の算定に当たっては、本制度の適用を受ける期間を通常の勤務をしているものとみなす。

第５章　介護休暇

（介護休暇）

第15条

1　要介護状態にある家族の介護その他の世話をする従業員（日雇従業員を除く）は、就業規則第◯条に規定する年次有給休暇とは別に、当該家族が１人の場合は１年間につき５日、２人以上の場合は１年間につき10日を限度として、介護休暇を取得することができる。この場合の１年間とは、４月１日から翌年３月31日までの期間とする。ただし、事業主は労使協定によって除外された次の従業員からの介護休暇の申出を拒むことができる。

一　入社６か月未満の従業員

二　１週間の所定労働日数が２日以下の従業員

2　介護休暇は、時間単位で始業時刻から連続又は終業時刻まで連続して取得することができる。

3　取得しようとする者は、原則として、介護休暇申出書（社内様式７）を事前に人事部労務課に申し出るものとする。

4　本制度の適用を受ける間の給与については、別途定める給与規定に基づく労務提供のなかった時間分に相当する額を控除した額を支給する。

5　賞与については、その算定対象期間に本制度の適用を受ける期間がある場合においては、労務提供のなかった時間に対応する賞与は支給しない。

6　定期昇給及び退職金の算定に当たっては、本制度の適用を受ける期間を通常の勤務をしているものとみなす。

第６章　所定外労働の制限

（育児・介護のための所定外労働の制限）

第16条

1　３歳に満たない子を養育する従業員（日雇従業員を除く）が当該子を養育するため、又は要介護状態にある家族を介護する従業員（日雇従業員を除く）が当該家族を介護するために請求した場合には、事業の正常な運営に支障がある場合を除き、所定労働時間を超えて労働をさせることはない。

2　本条第１項にかかわらず、労使協定によって除外された次の従業員からの所定外労働の制限の請求は拒むことができる。

⑴　入社１年未満の従業員

⑵　１週間の所定労働日数が２日以下の従業員

3　請求をしようとする者は、１回につき、１か月以上１年以内の期間（以下この条において「制限期間」という。）について、制限を開始しようとする日（以下この条において「制限開始予定日」という。）及び制限を終了しようとする日を明らかにして、原則として、制限開始予定日の１か月前までに、育児・介護のための所定外労働制限請求書（社内様式８）を人事部労務課に提出するものとする。この場合において、制限期間は、次条第３項に規定する制限期間と重複しないようにしなければならない。

4　会社は、所定外労働制限請求書を受け取るに当たり、必要最小限度の各種証明書の提出を求めることがある。

5　請求の日後に請求に係る子が出生したときは、所定外労働制限請求書を提出した者（以下この条において「請求者」という。）は、出生後２週間以内に人事部労務課に所定外労働制限対象児出生届（社内様式３）を提出しなければならない。

6　制限開始予定日の前日までに、請求に係る子又は家族の死亡等により請求者が子を養育又は家族を介護しないこととなった場合には、請求されなかったものとみなす。この場合において、請求者は、原則として当該事由が発生した日に、人事部労務課にその旨を通知しなければならない。

7　次の各号に掲げるいずれかの事由が生じた場合には、制限期間は終了するものとし、当該制限期間の終了日は当該各号に掲げる日とする。

⑴　子又は家族の死亡等制限に係る子を養育又は家族を介護しないこととなった場合
　当該事由が発生した日

⑵　制限に係る子が３歳に達した場合
　当該３歳に達した日

⑶　請求者について、産前・産後休業、育児休業、出生時育児休業又は介護休業が始まっ

た場合

産前・産後休業、育児休業、出生時育児休業又は介護休業の開始日の前日

8　本条第7項第1号の事由が生じた場合には、請求者は原則として当該事由が生じた日に、人事部労務課にその旨を通知しなければならない。

第7章　時間外労働の制限

（育児・介護のための時間外労働の制限）

第17条

1　小学校就学の始期に達するまでの子を養育する従業員が当該子を養育するため又は要介護状態にある家族を介護する従業員が当該家族を介護するために請求した場合には、就業規則第○条の規定及び時間外労働に関する協定にかかわらず、事業の正常な運営に支障がある場合を除き、1か月について24時間、1年について150時間を超えて時間外労働をさせることはない。

2　本条第1項にかかわらず、次の一から三のいずれかに該当する従業員からの時間外労働の制限の請求は拒むことができる。

一　日雇従業員

二　入社1年未満の従業員

三　1週間の所定労働日数が2日以下の従業員

3　請求をしようとする者は、1回につき、1か月以上1年以内の期間（以下この条において「制限期間」という。）について、制限を開始しようとする日（以下この条において「制限開始予定日」という。）及び制限を終了しようとする日を明らかにして、原則として、制限開始予定日の1か月前までに、育児・介護のための時間外労働制限請求書（社内様式9）を人事部労務課に提出するものとする。この場合において、制限期間は、前条第3項に規定する制限期間と重複しないようにしなければならない。

4　会社は、時間外労働制限請求書を受け取るに当たり、必要最小限度の各種証明書の提出を求めることがある。

5　請求の日後に請求に係る子が出生したときは、時間外労働制限請求書を提出した者（以下この条において「請求者」という。）は、出生後2週間以内に人事部労務課に時間外労働制限対象児出生届（社内様式3）を提出しなければならない。

6　制限開始予定日の前日までに、請求に係る子又は家族の死亡等により請求者が子を養育又は家族を介護しないこととなった場合には、請求されなかったものとみなす。この場合において、請求者は、原則として当該事由が発生した日に、人事部労務課にその旨を通知しなければならない。

7　次の各号に掲げるいずれかの事由が生じた場合には、制限期間は終了するものとし、当該制限期間の終了日は当該各号に掲げる日とする。

(1) 子又は家族の死亡等制限に係る子を養育又は家族を介護しないこととなった場合
当該事由が発生した日
(2) 制限に係る子が小学校就学の始期に達した場合
子が6歳に達する日の属する年度の3月31日
(3) 請求者について、産前・産後休業、育児休業、出生時育児休業又は介護休業が始まった場合
産前・産後休業、育児休業、出生時育児休業又は介護休業の開始日の前日
8　本条第7項第1号の事由が生じた場合には、請求者は原則として当該事由が生じた日に、人事部労務課にその旨を通知しなければならない。

第8章　深夜業の制限

（育児・介護のための深夜業の制限）
第18条
1　小学校就学の始期に達するまでの子を養育する従業員が当該子を養育するため又は要介護状態にある家族を介護する従業員が当該家族を介護するために請求した場合には、就業規則第◯条の規定にかかわらず、事業の正常な運営に支障がある場合を除き、午後10時から午前5時までの間（以下「深夜」という。）に労働させることはない。
2　本条第1項にかかわらず、次のいずれかに該当する従業員からの深夜業の制限の請求は拒むことができる。
一　日雇従業員
二　入社1年未満の従業員
三　請求に係る家族の16歳以上の同居の家族が次のいずれにも該当する従業員
イ　深夜において就業していない者（1か月について深夜における就業が3日以下の者を含む。）であること。
ロ　心身の状況が請求に係る子の保育又は家族の介護をすることができる者であること。
ハ　6週間（多胎妊娠の場合にあっては、14週間）以内に出産予定でなく、かつ産後8週間以内でない者であること。
四　1週間の所定労働日数が2日以下の従業員
五　所定労働時間の全部が深夜にある従業員
3　請求をしようとする者は、1回につき、1か月以上6か月以内の期間（以下この条において「制限期間」という。）について、制限を開始しようとする日（以下この条において「制限開始予定日」という。）及び制限を終了しようとする日を明らかにして、原則として、制限開始予定日の1か月前までに、育児・介護のための深夜業制限請求書（社内様式10）を人事部労務課に提出するものとする。
4　会社は、深夜業制限請求書を受け取るに当たり、必要最小限度の各種証明書の提出を求

めることがある。

5　請求の日後に請求に係る子が出生したときは、深夜業制限請求書を提出した者（以下この条において「請求者」という。）は、出生後２週間以内に人事部労務課に深夜業制限対象児出生届（社内様式３）を提出しなければならない。

6　制限開始予定日の前日までに、請求に係る子又は家族の死亡等により請求者が子を養育又は家族を介護しないこととなった場合には、請求されなかったものとみなす。この場合において、請求者は、原則として当該事由が発生した日に、人事部労務課にその旨を通知しなければならない。

7　次の各号に掲げるいずれかの事由が生じた場合には、制限期間は終了するものとし、当該制限期間の終了日は当該各号に掲げる日とする。

(1)　子又は家族の死亡等制限に係る子を養育又は家族を介護しないこととなった場合
当該事由が発生した日

(2)　制限に係る子が小学校就学の始期に達した場合
子が６歳に達する日の属する年度の３月31日

(3)　請求者について、産前・産後休業、育児休業、出生時育児休業又は介護休業が始まった場合
産前・産後休業、育児休業、出生時育児休業又は介護休業の開始日の前日

8　本条第７項第１号の事由が生じた場合には、請求者は原則として当該事由が生じた日に、人事部労務課にその旨を通知しなければならない。

9　制限期間中の給与については、別途定める給与規定に基づく労務提供のなかった時間分に相当する額を控除した基本給と諸手当の全額を支給する。

10　深夜業の制限を受ける従業員に対して、会社は必要に応じて昼間勤務へ転換させることがある。

第９章　所定労働時間の短縮措置等

（育児短時間勤務）

第19条

1　３歳に満たない子を養育する従業員は、申し出ることにより、就業規則第○条の所定労働時間について、以下のように変更することができる。

所定労働時間を午前９時から午後４時まで（うち休憩時間は、午前12時から午後１時までの１時間とする。）の６時間とする（１歳に満たない子を育てる女性従業員はさらに別途30分ずつ２回の育児時間を請求することができる。）。

2　本条第１項にかかわらず、次のいずれかに該当する従業員からの育児短時間勤務の申出は拒むことができる。

一　日雇従業員

二　1日の所定労働時間が6時間以下である従業員

三　労使協定によって除外された次の従業員

(ア)　入社1年未満の従業員

(イ)　1週間の所定労働日数が2日以下の従業員

3　申出をしようとする者は、1回につき、1か月以上1年以内の期間について、短縮を開始しようとする日及び短縮を終了しようとする日を明らかにして、原則として、短縮開始予定日の1か月前までに、育児短時間勤務申出書（社内様式11）により人事部労務課に申し出なければならない。申出書が提出されたときは、会社は速やかに申出者に対し、育児短時間勤務取扱通知書（社内様式13）を交付する。その他適用のための手続等については、第3条から第5条までの規定（第3条第2項、第3項、第4項及び第4条第3項を除く。）を準用する。

4　本制度の適用を受ける間の給与については、別途定める給与規定に基づく労務提供のなかった時間分に相当する額を控除した基本給と諸手当の全額を支給する。

5　賞与については、その算定対象期間に本制度の適用を受ける期間がある場合においては、短縮した時間に対応する賞与は支給しない。

6　定期昇給及び退職金の算定に当たっては、本制度の適用を受ける期間は通常の勤務をしているものとみなす。

※短時間勤務の制度を選択する場合

（介護短時間勤務）

第20条

1　要介護状態にある家族を介護する従業員は、申し出ることにより、当該家族1人当たり利用開始の日から3年の間で2回までの範囲内で、就業規則第○条の所定労働時間について、以下のように変更することができる。

所定労働時間を午前9時から午後4時まで（うち休憩時間は、午前12時から午後1時までの1時間とする。）の6時間とする。

2　本条第1項にかかわらず、次のいずれかに該当する従業員からの介護短時間勤務の申出は拒むことができる。

一　日雇従業員

二　労使協定によって除外された次の従業員

(ア)　入社1年未満の従業員

(イ)　1週間の所定労働日数が2日以下の従業員

3　申出をしようとする者は、短縮を開始しようとする日及び短縮を終了しようとする日を明らかにして、原則として、短縮開始予定日の2週間前までに、介護短時間勤務申出書（社内様式12）により人事部労務課に申し出なければならない。申出書が提出されたときは、会社は速やかに申出者に対し、介護短時間勤務取扱通知書（社内様式13）を交付する。その他適用のための手続等については、第11条から第13条までの規定を準用する。

4　本制度の適用を受ける間の給与については、別途定める給与規定に基づく労務提供のなかった時間分に相当する額を控除した基本給と諸手当の全額を支給する。

5　賞与については、その算定対象期間に本制度の適用を受ける期間がある場合においては、短縮した時間に対応する賞与は支給しない。

6　定期昇給及び退職金の算定に当たっては、本制度の適用を受ける期間は通常の勤務をしているものとみなす。

※始業・終業時刻の繰上げ・繰下げの制度を選択する場合

（介護のための時差出勤の制度）

第20条

1　要介護状態にある家族を介護する従業員は、申し出ることにより、当該家族1人当たり利用開始の日から3年の間で2回までの範囲を原則として、就業規則第◯条の始業及び終業の時刻について、以下のように変更することができる。

・通常勤務＝午前8時30分始業、午後5時30分終業

・時差出勤A＝午前8時始業、午後5時終業

・時差出勤B＝午前9時始業、午後6時終業

・時差出勤C＝午前10時始業、午後7時終業

2　本条第1項にかかわらず、日雇従業員からの介護のための時差出勤の制度の申出は拒むことができる。

3　申出をしようとする者は、制度の適用を開始しようとする日及び終了しようとする日並びに時差出勤Aから時差出勤Cのいずれに変更するかを明らかにして、原則として、適用開始予定日の2週間前までに、介護時差出勤申出書（社内様式23）により人事部労務課に申し出なければならない。申出書が提出されたときは、会社は速やかに申出者に対し、介護時差出勤取扱通知書（社内様式24）を交付する。その他適用のための手続等については、第11条から第13条までの規定を準用する。

4　本制度の適用を受ける間の給与及び賞与については、通常の勤務をしているものとし減額しない。

5　定期昇給及び退職金の算定に当たっては、本制度の適用を受ける期間は通常の勤務をしているものとみなす。

※介護サービスの費用の助成を選択する場合

（介護サービス利用の費用助成）

第20条

1　要介護状態にある家族を介護する従業員は、会社が締結した契約に基づく介護サービス会社による当該家族に係る介護サービス（以下「介護サービス」という。）を利用した際

に要した費用について、当該サービスの利用開始の日から３年間、会社から助成を受けることができる。

2　本条第１項にかかわらず、日雇従業員は、介護サービス利用の費用助成を受けることができない。

3　助成額は、従業員が介護サービスの利用に当たり支払った額の◯分の◯に相当する額とする。助成対象となる介護サービスの利用日数の限度は、年間◯日とする。

4　助成のための申請手続等は、次によるものとする。

(1)　助成を希望する者は、原則として助成を希望する介護サービスの利用を開始しようとする日の◯日前までに、介護サービス利用費用助成申請書（社内様式25）により人事部労務課に申し出なければならない。

(2)　介護サービス利用費用助成申請書（社内様式25）が提出されたときは、会社は、速やかに当該介護サービス利用費用助成申請書を提出した者に対する介護サービス利用費用助成の可否を決定し、通知する。

(3)　その他助成のための申請手続き等については、第11条から第13条までの規定を準用する。

5　助成金の支給は、次によるものとする。

(1)　前項により介護サービス利用費用助成を受けることができる旨の通知を受け、介護サービスを利用した者は、利用した当該サービスに係る当月の支払分について、介護サービス利用報告書（社内様式27）に領収書を添付の上、翌月◯日までに人事部労務課に提出するものとする。

(2)　人事部労務課は、前号の介護サービス利用報告書及び領収書を審査の上、当該利用額に係る助成金を口座振込又は現金にて支払うものとする。

第10章　育児休業・介護休業等に関するハラスメント等の防止

（妊娠・出産・育児休業・介護休業等に関するハラスメント、セクシュアルハラスメント及びパワーハラスメントの禁止）

第21条

1　すべての従業員は妊娠・出産・育児休業・介護休業等に関するハラスメント、セクシュアルハラスメント及びパワーハラスメントを行ってはならない。

2　本条第１項の言動を行ったと認められる従業員に対しては、就業規則第◯条及び第△条に基づき、厳正に対処する。

第11章　その他の事項

（給与等の取扱い）

第22条

1　育児・介護休業の期間については、基本給その他の月毎に支払われる給与は支給しない。

2　賞与については、その算定対象期間に育児・介護休業をした期間が含まれる場合には、出勤日数により日割りで計算した額を支給する。

3　定期昇給は、育児・介護休業の期間中は行わないものとし、育児・介護休業期間中に定期昇給日が到来した者については、復職後に昇給させるものとする。

4　退職金の算定に当たっては、育児・介護休業をした期間を勤務したものとして勤続年数を計算するものとする。

（介護休業期間中の社会保険料の取扱い）

第23条

介護休業により給与が支払われない月における社会保険料の被保険者負担分は、各月に会社が納付した額を翌月○日までに従業員に請求するものとし、従業員は会社が指定する日までに支払うものとする。

（円滑な取得及び職場復帰支援）

第24条

会社は、従業員から本人又は配偶者が妊娠・出産等したこと又は本人が対象家族を介護していることの申出があった場合は、当該従業員に対して、円滑な休業取得及び職場復帰を支援するために、以下(1)(2)の措置を実施する。また、育児休業及び出生時育児休業の申出が円滑に行われるようにするため、(3)の措置を実施する。

(1)　当該従業員に個別に育児休業に関する制度等（育児休業、出生時育児休業、パパ・ママ育休プラス、その他の両立支援制度、育児休業等の申出先、育児・介護休業給付に関すること、休業期間中の社会保険料の取扱い、育児・介護休業中及び休業後の待遇や労働条件など）の周知及び制度利用の意向確認を実施する。

(2)　当該従業員ごとに育休復帰支援プラン又は介護支援プランを作成し、同プランに基づく措置を実施する。なお、同プランに基づく措置は、業務の整理・引継ぎに係る支援、育児休業中又は介護休業中の職場に関する情報及び資料の提供など、育児休業又は介護休業等を取得する従業員との面談により把握したニーズに合わせて定め、これを実施する。

(3)　従業員に対して育児休業（出生時育児休業含む）に係る研修を実施する。

（復職後の勤務）

第25条

1　育児・介護休業後の勤務は、原則として、休業直前の部署及び職務とする。

2　本条第１項にかかわらず、本人の希望がある場合及び組織の変更等やむを得ない事情がある場合には、部署及び職務の変更を行うことがある。この場合は、育児休業終了予定日の１か月前、介護休業終了予定日の２週間前までに正式に決定し通知する。

（育児目的休暇）

第26条

1　小学校就学の始期に達するまでの子を養育する従業員（日雇従業員を除く）は、養育のために就業規則第○条に規定する年次有給休暇とは別に、当該子が１人の場合は１年間につき○日、２人以上の場合は１年間につき○日を限度として、育児目的休暇を取得することができる。この場合の１年間とは、４月１日から翌年３月31日までの期間とする。

2　取得しようとする者は、原則として、育児目的休暇申出書（社内様式14）を事前に人事部労務課に申し出るものとする。

（年次有給休暇）

第27条

年次有給休暇の権利発生のための出勤率の算定に当たっては、育児・介護休業をした日は出勤したものとみなす。

（法令との関係）

第28条

育児・介護休業、子の看護休暇、介護休暇、育児・介護のための所定外労働の制限、育児・介護のための時間外労働及び深夜業の制限並びに所定労働時間の短縮措置等に関して、この規則に定めのないことについては、育児・介護休業法その他の法令の定めるところによる。

（附則）

本規則は、○年○月○日から適用する。

①

仕事と介護の両立支援の手引き

～家族を介護するために休みを取り、
職場復帰するために会社がサポートできること～

この手引きの目的 ②

「年老いた両親について介護が必要になった」というように、家族の介護が必要になる状況は、従業員の誰にでも起こり得ます。そして、介護がいつまで続くのか、仕事と介護を両立させることはできるのかと不安に思うことでしょう。

この手引きでは、その不安や戸惑いを少しでも取り除くために、介護休業を中心に会社がサポートできることをまとめました。手引きを確認し、家族の介護に取り組んでください。

家族の介護の情報は上司と共有を ③

家族の介護は事故により突発的に必要になるケースのほか、加齢に伴い運動能力や認知機能等が低下することで必要になるケースもあります。

家族の介護が必要になる状況が具体的になるようであれば、早めに上司にその情報の共有をお願いします。

プライベートなことであり、不確定な情報を会社に報告することは避けたいという思いがあるかもしれませんが、会社が適切な支援を行う観点からご協力ください。

家族の介護はどこに相談する？ ④

自分や家族に介護が必要になったときには、家族が介護を担うだけでなく、介護サービスを受けることも1つです。

公的な相談機関は、家族が居住する住所地の市区町村や地域包括支援センター（※）になります。

家族の介護で不安なことがあるときには、早めに相談をするようにしましょう。

※名称が異なる場合もあります。

家族の介護が必要な状態とは？ ⑤

「家族を介護する」といったときに、どのようなイメージをするでしょうか？

会社の「家族の介護に関する支援制度」は、原則として、家族（配偶者、子ども、父母、配偶者の父母、祖父母、兄弟姉妹、孫）が、ケガや病気、心身の障害で２週間以上、常時介護が必要な状態となったときに利用できます。

行政の要介護認定を受けていなくても、対象となります。

「常時介護が必要な状態」については、判断基準が定められていますので、次ページで確認します。

常時介護が必要な状態とは？ ⑥

常時介護が必要な状態とは、以下のいずれかに該当した場合です。

(1) 介護保険制度の要介護状態区分において要介護２以上であること
(2) 次ページの表の状態①～⑫のうち、２が２つ以上または３が１つ以上該当し、かつ、その状態が継続するとき

常時介護を必要とする状態に関する判断基準 ⑦

項目＼状態	1	2	3
①座位保持（10分間１人で座っていることができる）	自分で可	支えてもらえればできる	できない
②歩行（立ち止まらず、座り込まずに５m程度歩くことができる）	つかまらないでできる	何かにつかまればできる	できない
③移乗（ベッドと車いす、車いすと便座の間を移るなどの乗り移りの動作）	自分で可	一部介助、見守り等が必要	全面的介助が必要
④水分・食事摂取	自分で可	一部介助、見守り等が必要	全面的介助が必要
⑤排泄	自分で可	一部介助、見守り等が必要	全面的介助が必要
⑥衣類の着脱	自分で可	一部介助、見守り等が必要	全面的介助が必要
⑦意思の伝達	できる	ときどきできない	できない
⑧外出すると戻れない	ない	ときどきある	ほとんど毎回ある
⑨物を壊したり衣類を破くことがある	ない	ときどきある	ほとんど毎日ある
⑩周囲の者が何らかの対応をとらなければならないほどの物忘れがある	ない	ときどきある	ほとんど毎日ある
⑪薬の内服	自分で可	一部介助、見守り等が必要	全面的介助が必要
⑫日常の意思決定	できる	本人に関する重要な意思決定はできない	ほとんどできない

証明書の提出を求めることがあります ⑧

会社の「家族の介護を支援する制度」を利用する場合には、介護が必要な状態や、家族との関係を証明する書類を提出してもらうことがあります。

なるべく従業員の皆さんの負担にならない書類を考えていますが、社会保険の手続きで必要なこともありますので、ご協力よろしくお願いいたします。

家族の介護のために休みたい ⑨

家族の介護が必要になったときに、その家族の介護を直接担ったり、仕事と介護の両立に備えた準備をするために「介護休業」を取得することができます。

介護休業は介護が必要となった家族１人につき、93日まで取得できます。93日間をまとめて取得することもできますが、３回に分けて取得することもできます。

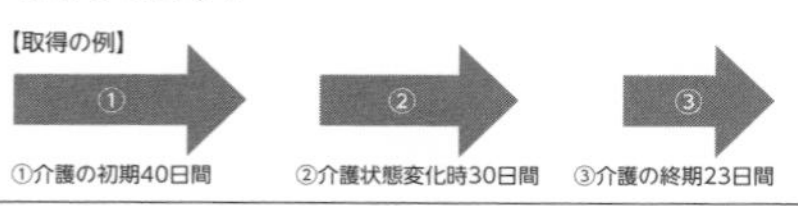

介護休業を取得するときは早めの申出を ⑩

介護休業は一定の長さの休みを想定しているため、業務の調整を行う必要があります。

急に家族の介護が必要になることもあるかもしれませんが、遅くとも介護休業の取得を予定する日の２週間前までに書面で会社に申し出てください。

家族の介護が必要になりそうなときは、可能な範囲で上司に早めに報告をしておくことで、急な介護にも早めの配慮ができるようになります。

介護休業中の給与はこうなります ⑪

介護休業を取得している期間は給与が支給されません。その代わりに雇用保険に加入し一定の要件を満たしたときは、雇用保険から「介護休業給付金」が支給されます。

介護休業給付金の支給額は、介護休業を取得する前の給与の額から決められることになっており、休業前の給与のおおよそ67％が支給されます。

介護休業給付金は申請が必要です ⑫

介護休業給付金は、介護休業の終了後（分けて取得するときは１回ごと）に、ハローワークに申請をすることで皆さんの金融機関の口座に現金が振り込まれる仕組みです。

ハローワークへの申請は会社が行い、申請が完了したら支給額の通知書をお渡しします。

申請は介護休業終了後になり、申請から振込まで１週間程度かかるため、事前にご了承ください。

介護休業中も社会保険料の負担があります ⑬

介護休業を取得している期間は給与が支給されませんが、会社で加入している社会保険は継続して加入し、従業員の皆さんが負担している社会保険料も介護休業を取得する前と同様に負担することになっています。

社会保険料を給与から天引きできないこともあるため、会社から振り込みのお願いをすることがあります。

数時間だけ家族の介護をしたい ⑭

家族の介護と聞くとまずは「介護休業」を思い浮かべる人も多いかと思います。介護休業は連続した比較的長期の休業が想定されます。

介護休業のほかに、数時間～数日、家族の介護をする必要が出てきたときは、「介護休暇」制度も利用できます。

介護休暇は１時間単位で取得できます。取得できる日数は介護が必要な家族が１人のときは１年に５日、２人以上のときは１年に10日です。

ただし、介護休暇を取得した日は無給で社会保険の制度からの所得補てんはありません。

介護休業と介護休暇の違い ⑮

介護休業を取るのか、介護休暇を取るのか。２つの違いを比較しています。どのタイミングでどちらの制度を利用するかは、皆さんの選択になります。

	介護休業	介護休暇
家族の状態	要介護状態	要介護状態
取得可能日数	対象家族１人につき通算93日 ※同じ家族について93日を超えて取得することはできない	対象家族が１人のとき……５日/年 対象家族が複数のとき……10日/年
分割取得	３回まで分けて取得できる	１日ずつ（１時間ずつ）取得できる
時間での取得	できない	できる
取得申請期限	２週間前まで	取得直前まで
取得時の給与	無給	無給
所得補てん	介護休業給付金（雇用保険） ※要件を満たした場合のみ	なし

仕事の時間を短くして介護の時間に充てたい ⑯

介護休業の必要はないけれど、日常的に家族の介護をすることもあるものです。

仕事の時間を短くすることで、介護をする時間を確保し、介護をする時間に充てたいというようなときは、介護短時間勤務の制度が利用できます。

この制度を利用することで、所定労働時間を１日６時間にすることができます。

対象家族１人につき介護短時間勤務の制度の利用開始から３年間利用できます。

なお、制度の利用により短くなる時間に対する給与は支給されません。

介護のために残業することが難しい ⑰

「これまでは残業も休日出勤にも対応できたけれども、家族の介護を始めたこれからは、これまでのようにはいかない」ということがあるでしょう。そのようなときは「所定外労働の制限」の手続きをしてください。

これは会社が、介護をする従業員に対して残業や休日出勤を命じないというものです。介護短時間勤務と同時に手続きすることもできます。

制度の利用は、従業員からの申請に基づくため、必要なときは必ず手続きをしてください。

介護のために残業があまりできない ⑱

「残業はできるものの、家族の介護をしているので長い時間の残業は難しい」ということがあるでしょう。そのようなときは「時間外労働の制限」の手続きをしてください。

これは会社が、介護をする従業員に対して命じる残業時間を１か月当たり24時間まで、１年当たり150時間までにするというものです。

制度の利用は、従業員からの申請に基づくため、必要なときは必ず手続きをしてください。

深夜は家族の介護が必要 ⑲

夜間には介護サービスの利用が難しく、自分自身で介護を担う必要があることも少なくありません。そのようなときは「深夜業の制限」の手続きをしてください。

これは、会社は介護をする従業員に対して、22時から翌日５時まで働かせることができない、というものです。

制度の利用は、従業員からの申請に基づくため、必要なときは必ず手続きをしてください。

家族を看取ったら・・・ ⑳

介護を続ける中で、ご家族を看取る時期も来ることでしょう。そのときには、感情が目まぐるしく揺さぶられるのではないかと想像します。

会社としても看取りにおいて従業員の皆さんの気持ちに寄り添い、支援したいと考えています。

ただし、家族の介護が終わると、会社が用意している家族の介護に関する制度の利用は終了し、各種手続きが必要な事項も出てきます。

気持ちが落ち込んだ中に、会社からの事務手続きの連絡が入ることになるかもしれませんが、ご了承ください。

適切に制度を利用することで仕事と介護の両立を ㉑

家族の介護をしている方は「家族の介護はプライベートなことだから」と職場で公表することをためらうかもしれません。

上司や同僚があなたが家族の介護をしていることを知れば、きっと必要な配慮や手助けをしてくれると会社は考えています。

仕事と介護の両立が少しでもできるように制度を整備しています。可能な範囲で周囲に家族やご自身の状況を伝えるとともに、育児・介護休業規程等を確認して、用意された制度を利用することで仕事と介護の両立に取り組んでください。

「これってハラスメント?」と感じたら ㉒

会社はハラスメント防止に力を入れています。
それでも、悪気なく介護休業等の制度を利用することに対し否定的な発言や態度をする従業員が出てくるかもしれません。

「これってハラスメント？」と感じることがあれば、１人で抱えずに早めに上司に相談したり、相談窓口に連絡してください。

窓口：総務部　●●
(内線：●●　メール：●●.xxx.co.jp)
※秘密は厳守します。

会社は皆さんの両立を支援します ㉓

家族の介護は、突発的に必要になる事例のほか、徐々に必要性が出てくる事例もあるかと思います。いずれにしても、当たり前にできていたことができなくなる家族を見て、複雑な思いを抱くことになります。

ときに会社を辞めて家族に寄り添ったほうがよいと思うかもしれません。家族の介護が始まることでたいへんになることも数多くあるでしょう。

ただ、会社としては、皆さんの仕事上のキャリアも積極的に支援したいと考えています。

制度の詳細で不明な点があれば、別途、ご説明します。いつでもお問い合わせください。

●年●月

●●株式会社　総務部

※スライド内の●は手引きを利用する会社ごとに決める内容になります。変更してご利用ください。

①

管理職向け 仕事と介護の両立支援に関する手引き

～大事な人材に長く働いてもらうために
管理職がやるべきこと～

この手引きの目的 ②

部下から「父親の介護が必要なので退職したい」という申出を受けたとき、あなたは第一声、どのようなことばをかけますか？

もし、その部下が「本当は辞めたくないけど、仕事との両立ができるとは思えない」と漏らしたらどうしますか？

この手引きでは、部下から家族の介護に関する相談を受けたときに上司としてどのような対応ができるかがわかるように、会社の仕事と介護の両立のための制度について説明します。

介護の相談があったときの対応 ③

介護を担うことになる従業員の状況はさまざまです。家族が徐々に介護が必要な状態になることもあれば、ケガや病気で突然介護が必要な状態になることもあります。

いずれにしても、家族に介護が必要な状態になることは「以前できていたこと」が「できなくなること」を目の当たりにすることです。従業員の心の中は複雑なものがあると想像されます。

「ほかに介護をする人はいないのか？」や「施設に入所させるのはどうか？」といった従業員の感情を踏まえない発言は控え、従業員に寄り添った対応が必要です。

部下からの介護の相談で確認すべき点 ④

部下から家族の介護に関する相談があったとき、部下が自分に相談してくれたことに感謝しつつ、その家族の状況や、他の家族への相談状況、公的機関への相談状況を確認します。

そのうえで、仕事と介護の両立についてどのように考えているのか、仕事（働き方）についてどのような希望を持っているのかを確認します。

部下の希望に沿う対応ができないこともあるかもしれません。そのことを伝えつつも、両立に向けて、できることを一緒に模索していただければと思います。

遠慮なく総務担当者にもご相談ください。

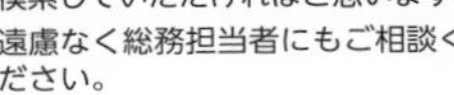

必要なことは仕事と介護の両立を支援する相談対応 ⑤

上司の方の中には、介護をしたことがないので、部下の相談に乗ることができるか不安という方もいるかもしれません。

それでも大丈夫です。上司に必要なことは、仕事と介護の両立を支援する相談対応です。

「家族の介護に関する相談」は市区町村や地域包括支援センター（※）といった公的機関、医師に相談に乗ってもらい、上司の皆さまには仕事と介護の両立について、部下の方と一緒に考えることが必要になります。

※名称が異なる場合もあります。

制度の対象となる「家族」とは？⑥

会社が整備する仕事と家族の介護の両立を支援する制度の利用は、家族が要介護状態になったときが対象です。

「家族」の範囲は、原則として、配偶者、子ども、父母、配偶者の父母、祖父母、兄弟姉妹、孫です。

同居の要件はないため、遠方の家族の介護をしたいというときでも他の要件を満たせば制度が利用できます。

制度の対象となる「要介護状態」とは？⑦

要介護状態とは、ケガや病気、心身の障害で２週間以上、常時介護が必要な状態となったときのことをいい、以下の２つが該当します。

- 行政の要介護認定として、要介護状態区分が要介護２以上のとき
- 生活において一定の介助が必要なとき

行政の要介護認定を受けていなくても、対象となることを押さえておきましょう。

介護に関する制度を理解しておこう⑧

仕事と介護の両立を支援する制度として下表のようなものが用意されています。制度の詳細は、育児・介護休業規程で確認できます。

制度	概要
介護休業	家族を介護するために取得できる休業
介護休暇	家族の介護やその他の世話を行うときに取得できる休暇
所定外労働の制限	家族を介護する従業員が所定労働時間で仕事を終えられる制度（残業なし）
時間外労働の制限	家族を介護する従業員が残業時間を１か月24時間、1年150時間までとすることができる制度
深夜業の制限	家族を介護する従業員が深夜労働をせずに介護に充てられる制度
介護短時間勤務	家族を介護する従業員が所定労働時間を短くすることができる制度

制度をどのように利用してもらうか⑨

家族の介護を支援する制度は複数用意されているため、どのタイミングで、どの制度を利用するか、従業員は迷うかもしれません。また、年次有給休暇を取得して介護することもできるため、選択肢はさらに増えます。

制度の利用は、従業員の任意ですが、制度によって、利用できる回数や期間があるため、介護が長期にわたることも想定し、どのタイミングでどの制度を利用するかを考えることが必要です。

家族の介護が優先になるとは思いますが、業務の状況も踏まえ考えられることが、結果的に両立にプラスになるかもしれません。

介護休業のしくみを理解しておこう⑩

介護休業は、従業員が、家族の介護が必要になったときに、その家族の介護を直接担ったり、介護と仕事の両立に備えた準備をするために取得することができる休業です。

介護が必要となった家族１人につき、93日まで取得できます。93日間をまとめて取得することもできますが、３回に分けて取得することもできます。

【取得の例】

①介護の初期40日間　②介護状態変化時30日間　③介護の終期23日間

介護休業に関する社会保険制度⑪

介護休業中は、会社から給与が支給されなくなりますが、介護休業終了後に手続きをすることで、雇用保険から介護休業給付金が従業員本人に支給されます（受給には一定の要件を満たすことが必要）。

給与が支給されなくなっても、社会保険料（健康保険料・介護保険料・厚生年金保険料）は従業員・会社ともに負担する必要があります。

介護休業中の従業員に対し心がけたいこと⑫

介護休業は、家族の介護をするための休みであるため、原則として業務を指示したり依頼したりすることはできません。また、従業員からの業務に関する連絡や報告を求めることも原則できません。必要な事務連絡は総務部から行います。

ただし、同じ会社の一員であることは変わりなく、職場に復帰することを前提に介護休業を取得しています。

職場環境の大きな変化があったときなどは、情報を提供し、共有することが、その後のスムースな職場復帰につながるでしょう。

介護休業中の従業員に急きょ業務をお願いしたい⑬

介護休業は「休業」のため、介護休業中の従業員に業務を指示したり依頼したりすることはできませんが、万が一、緊急でお願いせざるを得ない業務が発生するときは総務部まで連絡してください。

その業務が介護休業中の従業員にしかできない状態であり、業務を行うことに同意してもらえるときには、一時的・臨時的にお願いできるかもしれません。

介護休業からの職場復帰場所は？⑭

介護休業が終了すると職場復帰をしますが、原則として介護休業を取得する前の職場で、同じ業務をすることになります。

ただし、介護は長期にわたることもあるので、従業員の介護の状況に応じては、より仕事と介護の両立がしやすい職場へ異動を考えることもあります。

介護休業終了前に、総務部で従業員と連絡を取り、職場復帰後の働き方について確認を行い、介護休業取得前の職場の上司に相談しつつ、復帰する職場を判断します。

看取りを迎えた従業員のフォロー⑮

家族の介護は悲しいことに看取りで終わることも少なくありません。

介護を担ってきた従業員には、大きな喪失感が生じたり、一方で介護が終わったことに対する一種の安堵感が広がることも想像されます。

看取りで家族の介護は終わっても、その後の葬儀や各種手続き、そして、気持ちの整理まで考えると、すぐに気持ちを切り替えて仕事に専念することはできないかもしれません。

上司の方には当面の間、継続した支援をお願いします。

あなたの支援が会社の発展につながります⑯

年齢から考えて家族の介護を担うことになるのは、中堅からベテランの従業員が多いものです。もしかしたら、上司であるあなた自身が介護を担っているという状況かもしれません。そして、その状況を会社になかなか伝えられず、実は苦労をしていることもあるかと思います。

会社は、従業員の仕事と介護の両立を適切に支援することで、大切な従業員が働き続けることを選択し、会社の発展に寄与すると考えています。

そのためには日頃、部下と接している上司の皆さまのご協力が欠かせません。ぜひ、会社と一緒に支援していただければと思います。

●年●月

●●株式会社　総務部

おわりに

「お父さんが肺がんでね、手術のために入院することになったの」

私は、このことばをここ数年で２回、母から聞きました。病院に入院する父を車で送り、コロナ禍で限られた面会時間の中でも「面会に行く」という母と一緒に病院に出向き、歩行器につかまりながら病室から出てくる父の姿を見ました。「退院したら、どうなるのかな……」。大きな不安を覚えました。

退院後、杖をつきながらも歩くことができる状態に回復した父の姿に安堵（あんど）したものの、一方で後期高齢者になった両親に、いつ介護が必要になるかわからない、という心配を常日頃から抱えています。

家族に対して私は何をするべきか、何ができるのか、そして、社会人として働く私が考えるべきことは何か、どうすることが家族にも私にも最善なのだろうか――。

働く人で、私のような状況の人は少なくないと思います。ただし、仕事と介護の両立に関する制度は、「何となく」しか知られていないように思います。

このような思いが発端となり、本書を書き進め、できあがりました。

ですので、本書を読んでくださった会社関係者の方が、１人でも仕事と介護の両立に取り組む人を支え、家族の介護をしながらも介護者自身が自分の人生も歩むことができる支援をしてくだされば、私にとっては喜びになります。

いつも弱音を吐く私を励まし、出版まで導いてくださった日本実業出版社の佐藤美玲さん、法令面を中心にタイトなスケジュールの中、文章チェックをしてくれた同僚の杉山さやかさん、手引きのイラストを素晴らしいクオリティと速さで仕上げてくださったイラストレーターのフタバさん。多くの支援をありがとうございました。

そして、手に取ってくださる読者がいるからこそ、私の思いが伝わり、社会のお役に立てると信じています。何よりも読者の皆さんに、大きな感謝をしています。手に取ってくださり、ありがとうございます。

宮武貴美

宮武貴美（みやたけ　たかみ）
社会保険労務士法人名南経営　特定社会保険労務士・産業カウンセラー。中小企業から東証プライム上場企業まで幅広い顧客を担当し、実務に即した人事労務管理のアドバイスを行う。インターネット上の情報サイト「労務ドットコム」の管理者であり、人事労務分野での最新情報の収集・発信は日本屈指のレベル。現場に詳しく、わかりやすい解説には定評があり、企業担当者・社労士には多くのファンがいる。主な著書に『新版 総務担当者のための産休・育休の実務がわかる本』『社会保険の手続きがひとりでミスなくできる本』（以上、日本実業出版社）、『増補版 こんなときどうする!? 社会保険・給与計算 ミスしたときの対処法と防止策31』（労務行政）等がある。
労務ドットコム　https://roumu.com

総務担当者のための介護休業の実務がわかる本

2023年12月1日　初版発行

著　者　宮武貴美
発行者　杉本淳一

発行所　株式会社日本実業出版社　東京都新宿区市谷本村町3-29 〒162-0845
編集部　☎03-3268-5651
営業部　☎03-3268-5161　振　替　00170-1-25349
https://www.njg.co.jp/

印刷／壮光舎　製本／共栄社

ISBN 978-4-534-06061-7 Printed in JAPAN